Gaudí, Maillol, Dalí

Contemporánea
Narrativa

JOSEP
PLA

GAUDÍ, MAILLOL, DALÍ

Prólogo de Enric Casasses

AUSTRAL

DESTINO

Traducción de Jesús Alegría

Ediciones Destino, un sello editorial de Editorial Planeta, S. A.
Avda. Diagonal, 662-664, 08034 Barcelona (España)
www.edestino.es
www.planetadelibros.com

El editor queda a disposición del titular de los derechos de la traducción, con quien no ha podido contactar

Diseño de la colección: Compañía
Primera edición en Austral: octubre de 2024

Depósito legal: B. 14.317-2024
ISBN: 978-84-233-6613-2
Composición: Realización Planeta
Impresión y encuadernación: CPI Black Print
Printed in Spain - Impreso en España

Biografía

Josep Pla nació en Palafrugell en 1897 y murió en Llofriu en 1981. Desde muy joven colaboró en periódicos y revistas, y durante muchos años fue corresponsal en el extranjero. Los cuarenta y seis volúmenes de su obra completa son el contundente testimonio de una de las más grandes prosas en lengua catalana de todos los tiempos.

Un Pla en tres personas

El estilo

En la obra u obras de Josep Pla su persona y su personalidad están siempre presentes de manera muy visible, podríamos decir; ya se ha dicho que todo lo que ha escrito son unas memorias muy completas, muy prolijas, y también que siempre escribe en primera persona, tanto si describe como si inventa. No lo sabemos con seguridad, es algo que deberían averiguar los biógrafos, pero a partir de lo que él escribió no se puede saber a ciencia cierta si luchó, lo que se dice luchar, en la guerra de Troya; lo único que sabemos, porque nos lo cuenta él mismo, es que estaba allí, en Troya, y que los conocía a todos, griegos y troyanos, y que con muchos de ellos había hablado, desde los héroes destacados en primera fila de los cantos épicos hasta los últimos y, para nosotros, anónimos pelagatos y descamisados de la pobrería que andaba por allí.

Uno de los libros de Pla más claramente autobiográfico, cuando describe los primeros años de colegio y de instituto, *Girona, un llibre de records*, se presenta y es uno de los raros casos en que recurre a esta fórmula, como un libro ajeno: se inventa un condiscípulo de Palafrugell (es decir, alguien de su edad y de su pueblo) y finge que este personaje, a quien llama Albert Ferrer, murió prematuramente y le legó los manuscritos que forman el libro gerundense. La ficción del autor ficticio es tan sutil y tan transparente que en seguida, en el primer o segundo párrafo del libro, ya se nos ha olvidado y vemos o pensamos que nos las tenemos directamente con Josep Pla. Pero en el prefacio, cuando nos describe esta maniobra, y creo que por eso lo hace, se puede permitir hablar de su libro como si fuera de otro, y así puede elogiarse a sí mismo («No creo que hasta ahora se haya publicado un documento sobre Gerona con la amplitud y calidad de este») y asimismo ofrecernos el famoso fragmento en que Pla, con el característico estilo Pla, nos define el característico estilo Pla: «Sobre el estilo del libro tengo que decir que me parece plausible: es un estilo vivaz que contiene aquello que sostiene un estilo: la frase es clara y tiene relieve, la adjetivación es precisa, arriesgada y divertida. En cada párrafo el autor hace acto de presencia de ánimo». Aquí al final, Pla nos regala esta figura, que no sé si tiene nombre, que consiste en juntar dos locuciones (hacer acto de presencia y tener presencia de ánimo) para crear una nueva más fuerte que es la suma de ambas. Y yo he dado todo este rodeo para poder decir que esta descripción también se aplica, por supuesto, al estilo del libro que ahora tenemos en las manos.

Sabe muchas cosas

Josep Pla sabe muchas cosas de muchas cosas, y si se pasó la vida paseando, viajando, leyendo, charlando, contemplando el mar (y el cielo y la tierra y las casas y las cosas...) y escribiendo, y si había hablado con tantísima gente y se acordaba bien (su cerebro era una esponja que lo absorbía todo, dice Fuster), si transcribió las conversaciones que había mantenido con muchos de los personajes significados de sus épocas (escritores, escultores, arquitectos, políticos...) y también con muchas otras personas de las que de otro modo no sabríamos nada (una tabernera de Banyuls, gente de su pueblo y del pueblo de al lado, aquel viticultor languedociano...), en cambio, como se ve en este *homenot* (gran tipo) que ahora se reedita y en otros textos del mismo tema, no parece que hubiera hablado nunca con Gaudí, y ni siquiera sabemos si alguna vez coincidieron, lo cual no impide, no obstante, que nos describa su aspecto, el modo en que solía vestirse, sus gestos, y hasta el color azul de sus ojos y su peculiar manera de mirar. Tengo la impresión de que debía de conocerlo de vista, pero que nunca llegó a hablar con él, algo excepcional en un hombre como Pla, que sabía hacer hablar a casi todo el mundo. Pero sí tuvo conversaciones jugosas con personas que habían hablado con él o que lo conocían bastante bien. Hace muchos años que tengo grabada en la cabeza una imagen del gran arquitecto leída en el libro *Barcelona, una discusión entrañable*, cuando dice que de mayor Gaudí llevaba un mendrugo de pan seco en el bolsillo, vestía como un pobre miserable y solo le faltaba alargar el brazo para que te entraran ganas de darle una monedita, pero entonces apunta esto que le dijo Josep Llimona hablando de la figura y el aspecto del arquitecto: «Cuando este hombre de aspecto tan mísero y deprimente, tan insignificante y compungido, se echa a hablar, en su persona tiene lugar una transformación tan grande, tal transfiguración, se crea instantáneamente un clima de seriedad y elevación tan grandes, surge un hombre de unas convicciones tan profundas, un hombre que dice unas cosas tan nuevas, tan enormes y a mi entender de tanto sentido, que es natural que la gente que el arquitecto tiene delante, sobre todo la gente saturada de tópicos y tonterías, se indigne desaforadamente. Gaudí es uno de los espíritus más libres, menos convencionales de la tierra. La indignación se exaspera ante el contraste que ofrece la persona física del arquitecto y su personalidad anímica. Si lo que Gaudí formula, lo dijera un señor bien vestido y de mucha peluquería, la gente lo toleraría. Pero que lo diga un hombre con aspecto de mendigo se considera intolerable, imperdonable e indignante. Por todo esto no pueden ver a Gaudí». Este libro de Barcelona, fechado en 1956 y reeditado en 1966, es de la misma época que nuestro *homenot*, que es de 1959 y rehecho, a fondo, en 1963.

La clase de sabiduría que gasta Pla, que es muy

suya y que parece tan sencilla y de andar por casa, no es nada fácil ni muy habitual. Espiad (que en catalán del Rosellón quiere decir «mirad») el modo en que lo detalla en uno de los primeros párrafos del *homenot* dedicado a Gaudí: «En la vida de los hombres hay cosas importantes y otras que lo son menos. Sin embargo, son a menudo estas últimas cosas las que permiten comprender las otras, las decisivas. Todo es siempre más complejo de lo que parece a simple vista».

Para hablar de Gaudí, si en *Barcelona, una discusión entrañable* acudía a la autoridad del escultor Llimona, en este *homenot* de hoy se sirve primero del pintor Feliu Elias, que como escritor firmaba Joan Sacs y como caricaturista Apa, y después, sobre todo, de Josep Pijoan, que durante muchos años había sido la mano derecha e izquierda de Maragall. También cita Pla los textos del arquitecto Domènec Sugranyes, autor de una bella frase cuando dice que lo que hace Gaudí es nuevo en la arquitectura, pero no en la naturaleza, porque esta «existe desde el tercer día de la creación». Sugranyes dirigió la construcción de la Sagrada Familia cuando murió Gaudí y también cuenta con una considerable obra propia.

Pla no tiene vergüenza ni reparos, y si para aclarar una cuestión necesita abrir comillas y citar un buen fragmento de un libro, lo hace, de la misma manera que puede abrir guion y reproducir las palabras que le ha dicho este o aquel, tanto si es el jesuita Ignasi Casanovas como si se trata del confitero de Astorga. Y también me gusta en este *homenot* gaudiniano que las dos veces que menciona a los cuñados del señor Güell subraye que son «el primer marqués de Comillas» y «los primeros marqueses de Comillas», para que se vea que el marquesado de Comillas era un invento reciente, creado o inventado por Alfonso XII. Estos primeros marqueses «tuvieron —así lo dice Pla— mucha importancia en el arte piadoso y diplomático de hacer obispos».

El *homenot* en cuestión también nos aclara qué ocurrió para que aquella pandilla de católicos retrógrados, fundamentalistas y josefinos ofreciera a Gaudí la dirección de las obras del templo «expiatorio» de la Sagrada Familia, cosa que se produjo, según dice Pla que le dijo Pijoan, por motivos «suprarreales», que me parece una forma atea de no decir sobrenaturales, y que son unos «motivos» que quedan perfectamente «explicados» en la narración de Pijoan (son temas tan «elevados» que necesitan muchas comillas).

Pla ve a Francesc Pujols como un «intelectual totalmente marginal en la sociedad católica y perfectamente libre», y dice que fue uno de los pocos coetáneos defensores de Gaudí y de la obra de Gaudí. A esto se puede añadir que, en 1927, cuando apenas se había cumplido un año de la muerte del arquitecto, Pujols publicó *La visió artística i religiosa d'en Gaudí*, que luego, en una edición cara, de libro de arte, con fotos de Prévost y textos de Dalí y de Descharnes, apareció en 1969 en francés (con el texto de Pujols traducido por Dalí) y ese mismo año también en catalán (con el texto de Pujols muy mutilado por la todavía censura franquista). Reeditado por completo en 1996 por Quaderns Crema, es uno de los mejores libros de Pujols y uno de los mejores que existen sobre Gaudí.

Pla presenta la posición de Pujols como una de las claves que contribuyeron a formular y a mantener «la generación posnovecentista»..., que, según mi modesta opinión, si le quito el «pos-», solo queda el novecentismo, pero ya no sería una mera línea política, sino un gran movimiento cultural que cuenta con un ala renovadora, avanzada e izquierdista, como se ve en gente como Ruiz, Pujols, Fabra, Folguera o incluso Papasseit. No lo sé, habría que estudiarlo.

La tierra

El *homenot* que Pla dedica a Arístides Maillol (1861-1944) comienza con un apartado que trata del país: en 1659, cuando España vendió el Rosellón a Francia, cuando se inventó la frontera actual, dos comarcas naturales quedaron partidas por la mitad: la Cerdaña y el golfo de la Selva; con este último nombre Pla agrupa los pueblos que van de El Port de la Selva a Colliure: la descripción larga y detallada que hace de esta parte del mundo es una de sus páginas más brillantes y culmina cuando afirma, con toda la razón, que Maillol «como rosellonés, Maillol es catalán; como hombre del golfo de la Selva, sus vínculos con nuestro país no son únicamente históricos, sino explícitos y concretos». Al hablar de este trozo de país, Pla es como si estuviera en casa, o, mejor dicho, está en casa: aunque es hijo de Palafrugell, que es un mundo en sí mismo, cuando habla del Alto Ampurdán y de esta costa (que «en sus extremos entrecruzan sus fuegos los faros del Cap de Creus y del Cap de Biarra, en la entrada de Portvendres») es como si volviera a casa, como si volviera a la casa primigenia, la que conoce bien, la mar de bien: «Sobre los perfiles rocosos y generalmente pelados de esta zona, la tierra es muy fina: rocalla, piedrecilla cuando lo permite el franco roquedal. Sería una tierra que no tendría económicamente ningún valor si la tenacidad y el ingenio de sus habitantes no la hubiesen convertido en una tierra de viñas» (el *pedrigolet* no aparece en los diccionarios, pero sí otras veces en la obra de Pla, y es palabra corriente en la costa ampurdanesa, es como la rocalla, pero de piedras más pequeñas: en La Escala hay playas de arena y playas de *pedrigolet*).

Cuando escribe este *homenot*, a Pla ya le cuesta encontrar en estos pueblos algún rincón «que huela a pescado», pero cuando habla de Colliure sí menciona las anchoas, que son, dice, «sabrosísimas», y con esto recuerdo que mi madre (nacida en 1922) decía que de niña había acompañado a su abuela (que era la que llevaba el negocio de las anchoas) a Colliure y que fue la única vez que notó que un pueblo olía igual que La Escala.

Un joven rosellonés me había dicho que para ellos la raya de Francia de la canción *(«Bufa ventet de garbí, / vent de popa i mar bonança, / anirem cap a llevant / fins a la ratlla de França»)*[1] es el cabo de

1. Canción tradicional: «Sopla vientecillo garbino, / viento de popa y mar de bonanza, / iremos hacia levante / hasta la raya de Francia». *(N. del T.)*

Leucate, cerca de Salses. Cuando Pla explica el tiempo del golfo de la Selva, con temporales de levante «de una impresionante espectacularidad» y con fuertes tramontanas y mistrales de una «irrupción bestial, frenética» (la tramontana que Víctor Català define como una «fuerza desmelenada y loca que galopa desatada por el espacio»), dice que el mar solo es clemente con los vientos del sur, «con el ábrego, con estos vientos de España, que en el Rosellón tienen tan mala fama». Esa mala fama no se limita al Rosellón, en La Escala también hablan pestes del garbino por ser un viento espeso que provoca dolor de cabeza. No tiene la fuerza trágica de los levantes o las tramontanas, ni la dignidad de los gregales y los provenzales, pero posee una triste reputación.

El paisaje del golfo de la Selva, ya lo dice Pla en este *homenot*, es el mismo que el de la famosa narración *Contrabando* (escrita poco antes), y gracias a ese país pirenaico «una zona seca, sedienta, pobre, crepitante, toda nervio» se explica «el milagro» Maillol; es decir, la última y gran época de su arte, según Pla, que habla de la importancia del camino del collado de Banyuls en la formación del carácter del escultor. En *Contrabando* lo resume así: «Este es el camino que hizo Maillol yendo y viniendo entre Banyuls y su misérrima mas de les Abelles, camino que quizá lo llevó, después de tantos errores, a la concepción de la escultura auténtica. [...] Maillol se dejó media vida en desprenderse del dieciocho francés, y después hubo de desprenderse de las revistas alemanas. Por fortuna, vivió muchos años. Si no hubiera sido así, no habría tenido tiempo de hacer nada». También dice, ahora, aquí, en el *homenot*, que el padre de Maillol le puso Arístides «por admiración a las virtudes de los antiguos», y que nombres así hubo más de cuatro también en el Ampurdán: en La Escala, además del Arquímedes que Pla menciona, hubo un Aníbal y un Nerón. Dice Pla que, en el caso de Maillol, el nombre es importante porque lo hizo «absolutamente insensible a cualquier forma de escultura religiosa».

En el segundo apartado («El milagro Maillol») Pla expresa una idea más penetrante que la famosa fórmula de lo nuevo y lo viejo que exaltan y enamoran, cuando dice que lo bueno de los antiguos es la novedad: «Lo que ha de apreciarse en los antiguos no es su antigüedad; es su permanente, renovada novedad, que deben a la naturaleza y a la razón, que en la naturaleza descubren» (que quizá enlaza con temas de cuando hablaba de Gaudí).

En el apartado en que describe al hombre y sus etapas volvemos a encontrar auténticas joyas de la especial sabiduría planiana: cuando Maillol sabe «unir un muslo lleno con el bajo vientre de una figura sin utilizar la habilidad, dando el punto de unión» o lo de cuando concluye que «el estado de ánimo favorable y el oficio significan lo mismo, una cosa explica la otra y viceversa».

También es rico e instructivo el recorrido que hace por la familia de Maillol y las relaciones que tuvo con la Cataluña española y en especial con Cervera, la de Lleida, la de la Segarra, y también con Barcelona, sobre todo en tiempos de las filoxeras.

La relación de Pla con Dalí ha ido cambiando, mejorando, con los años. En una entrevista grabada al aire libre en la casa de Port Lligat y que, bajo el título *Je suis fou de Dali*, se publicó en disco en 1975, pero que, como se ve en el artículo «Dalí disidente» de Anna Carreras, se hizo en 1967 o poco antes, Dalí dice que se apuntará a la lista para que lo congelen el día de su muerte, aunque ya sabe que todavía está muy verde ese asunto y que, en el fondo, no cree en él, pero que lo hará «para molestar a la gente de Figueres, mi ciudad, porque la gente del café... Sobre todo, lo que me interesa es la gente del café de Figueres... A los demás, el resto, no los conozco, y entonces estos dirán oh, se ha muerto, sí, pero no como todo el mundo, y eso, eso ya me divierte» (transcrito tal cual con las pausas y las repeticiones del habla improvisada). La gente del café, entre la cual a veces podía figurar Josep Pla, en un principio observaba al personaje Dalí con escepticismo y desconfianza, pero con los años acaban por encontrarlo divertido y aprecian y reconocen su valor e interés.

En 1952, Josep Pla vio a Dalí en Port Lligat, y el mismo Dalí lo cuenta así en *Diario de un genio*: «Pla repite la frase de nuestra última visita: ¡ese bigote hará mella!». También recuerdo haber leído, no sé en qué parte de la obra de Pla, que, según él, Dalí se estaba haciendo famoso en Estados Unidos a base de repetir las animaladas que se decían en los cafés de Figueres.

Y ya en 1958 Pla escribe el *homenot* que hoy presentamos: comienza, en las primeras páginas, diciendo que Dalí «escribe como un ser protohistórico, pensando solo en los efectos decorativos de la caligrafía», y yo estaría de acuerdo si eliminara el «solo» (y pensando que eso de protohistórico, que Pla menciona como un defecto, se podría ver como un elogio, y seguramente a Dalí debió de gustarle). Pero más adelante, ya hacia el final del *homenot*, se contradice y le reconoce la categoría de escritor cuando afirma que *La vida secreta* (que Pla siempre cita a partir de la versión inglesa, *The Secret Life*, que «la familia del artista» le había dejado leer... porque el libro por entonces estaba prohibido en España; la traducción al castellano, de Cèsar August Jordana, había aparecido en Argentina) posee «un tono, una libertad mental tan extraordinaria, un arrebato tan manifiesto, mezclado con un precaucionismo y una cautela tan visibles...».

Más adelante, después de este *homenot*, ya en 1962, en el volumen de notas dispersas publicado póstumamente con el absurdo título de *Hacerse todas las ilusiones posibles*, Pla formula grandes y bellos elogios de la casa («¡Qué casa más bonita que tiene Dalí, llena de fantasía, con tantos detalles estudiados, pensados y eficientes hasta en los más mínimos aspectos!») y de los progresos que ha hecho Gala hablando catalán, y del propio Dalí: «El interés de Dalí por este país aumenta día tras día»..., «el retrato de Gala, desnuda, de espaldas, es una maravilla»..., y termina asegurando que «Dalí es uno de los hombres más divertidos de este país, y que sabe más cosas».

El *homenot* daliniano de Pla me ha hecho pensar en un aforismo de Fuster que dice que hay estilos literarios incompatibles con la máquina de escribir. Las primeras páginas, cuando retrata al padre de Dalí y luego, con todo detalle, a su primer profesor de dibujo, y por tanto la infancia y la primera juventud del pintor, están escritas con una fluidez tan armónica, tan continua y tan bien llevada que me lo imagino con la pluma en la mano, dejándola deslizarse por el papel en una unión inseparable del cerebro y el brazo derecho, casi sin parar hasta que, al cabo de unas cuantas páginas, se detiene, hace una pausa, se lía un cigarrillo, se lo piensa, y cuando vuelve a la carga ya tiene el título de la segunda parte: «El descubrimiento del paisaje ampurdanés»..., y la fluidez sigue todavía armónicamente para llevarlo a entrar de nuevo en su país, el Alto Ampurdán, que no era su país pero como si lo fuera; ya lo hemos dicho al hablar de Maillol: aquí Pla no se siente como en casa, se siente en casa. La descripción del paisaje del llano ampurdanés y el modo en que lo ha sabido entender y plasmar Dalí fluyen con un placer que no tiene parangón. Después, más adelante, unas cuantas páginas más adelante, cuando llegamos a París y a la relación con el surrealismo, la cosa se complica un poco, y termina por complicarse aún más con la aparición en escena de Joan Miró, que no sé por qué ni cómo, pero por lo visto no es santo de la devoción de Pla. Primero lo describe físicamente, o externamente, durante dos o tres páginas, con gran detalle, y la descripción es buena, pero tiene un tono que ya despierta preocupación, que ya lleva a pensar que la cosa no irá bien... Y luego, cuando aborda el tema del chismorreo, cuando llega a aquella expedición a Cadaqués en que Gala dejó a Éluard y se quedó con Dalí, parece que Pla quiera dar a entender que la gran fama de Miró será algo fabricado por Éluard y otros surrealistas para vengarse de Dalí. No sé si aquí Pla pierde el hilo, o si pierde los papeles, o si soy yo quien se pierde. Esta parte, más confusa, acaba con una afirmación chocante y divertida, pero que no sé exactamente cómo hay que interpretarla. Dice que, después de los hechos de Cadaqués, «ni Éluard ni Dalí ni Miró quisieron volver a oír hablar —*et pour cause!*— del surrealismo. El primero por caridad; el segundo por discreción; el tercero para no perder su enchufe». Y así terminó, según Pla, el surrealismo francés e internacional.

Por el contrario, en cuanto a la relación de Gala y Dalí, Pla sí acierta, quizá porque la cosa era y es obvia. «Dalí se enamoró de Gala y Gala de Dalí. En serio. Me refiero a que estos extraños fenómenos no suelen darse —en serio— a menudo. Pero esta vez el hecho se produjo.» Aquí la palabra importante es *seriamente*. Y a partir de aquí, y cuando habla de la etapa norteamericana y de *La vida secreta*, parece que Pla recupera la fluidez y la cordura, y el *homenot* vuelve a deslizarse.

La vida secreta, como la cita Pla y como aparece en la mayoría de las ediciones, comienza así: «A los seis años pretendí ser cocinero», pero en realidad Dalí había escrito: «Cuando tenía seis años yo quería ser cocinera». Ocurre que la edición crítica de *La vida secreta* basada en los manuscritos no se publicó hasta 2006 (en la editorial suiza Éditions L'Âge d'Homme) y, obviamente, Pla no pudo leerla, pero parece que hubiera visto el manuscrito porque dice que el libro está escrito «en un borrador monstruoso franco-catalano-castellano, con sus enormes, sabrosísimas faltas de ortografía» (el museo de L'Ubre, la ciudad de Niu Work, los milicianos de la FOI, en lugar de la FAI...). Dalí escribió la obra en su francés catalanizado, Gala revisó la ortografía, después alguien corrigió la sintaxis y finalmente se tradujo al inglés, y de aquí han salido todas las ediciones hasta la citada edición crítica de 2006.

Para mí, el punto culminante del *homenot* daliniano de Pla es este: «Cuando nosotros, los ampurdaneses, vimos aquella tartana colocada sobre el plano dilatado, bajo la bóveda del cielo limpio, claro, resplandeciente e inmenso, constatamos que había nacido nuestro pintor —el pintor que había descubierto y comprendido (tan bien como un campesino de la tierra) nuestra región».

ENRIC CASASSES

ANTONI GAUDÍ

Antoni Gaudí i Cornet nació el 25 de junio de 1852 y murió el 10 de junio de 1926. Muy pocos días faltaron para que llegara a cumplir setenta y cuatro años.

Es muy posible pensar que Gaudí nació en el mas de la Calderera, residencia habitual de su padre, que por tradición familiar era calderero, y que se le bautizó en la iglesia parroquial de Sant Pere de Reus. Se le bautizó en la parroquia de Reus porque el mas de la Calderera estaba más cerca de Reus que de Riudoms. Este hecho ha dado origen a la confusión —pintoresca— en la cuestión de saber si Gaudí nació en el término de Riudoms o en el de Reus.

Sobre Gaudí hay una inmensa cantidad de escritos. Cada día aparecen nuevos, en todas partes —en los países más alejados de la tierra—. La gloria de Gaudí va en aumento. Gaudí es el catalán de su tiempo que, tras haber estado más entrañablemente adherido primero a Cataluña y luego al Mediterráneo, tiene una dimensión universal más amplia, una amplitud de arco de abertura más larga.

Sobre Gaudí no tenemos aún el libro completo

que necesitaríamos —su vida y su obra—, la biografía global que el mundo anglosajón dedica a sus grandes personajes. Disponemos en catalán de tres excelentes libros sobre Gaudí: el del arquitecto Ràfols, el del arquitecto Martinell y el del arquitecto Bergós. Los tres son interesantísimos —sobre todo el de Bergós, sin que ello quiera decir que los otros dos no sean muy notables—. Sin embargo, falta el gran libro completo —hasta el punto en que las cosas humanas puedan ser completas—, auténtico, sin que se escamotee nada, verídico. La verdad no puede causar daño alguno a Gaudí —desde ningún punto de vista—. En la vida de los hombres hay cosas importantes y otras que lo son menos. Sin embargo, son a menudo estas últimas cosas las que permiten comprender las otras, las decisivas. Todo es siempre más complejo de lo que parece a simple vista.

Mientras Gaudí se formaba en la Escuela de Arquitectura y en la vida de Barcelona, Ferdinand Brunetière era uno de los pontífices, social-literarios más importantes y escuchados de la vida intelectual de París. Brillantísimo profesor de la Escuela Normal, también era director de la *Revue des deux Mondes*, por aquel entonces de una influencia decisiva sobre la sociedad europea —incluida Rusia—. En aquella época se leían en Barcelona muchos escritos franceses, y el deslumbramiento de los esnobs ricos era la vida de París. En un momento determinado, monsieur Brunetière hizo estampar el siguiente juicio: «La catedral gótica es idénticamente la misma de un extremo a otro de Europa; es una forma arquitectónica en la que no se siente ninguna personalidad». La tradición francesa continuaba, pero con otro matiz. Así como los hombres del XVIII francés habían dicho que gótico es el salvajismo oscurantista, ahora Brunetière encontraba que el gótico no tenía demasiada personalidad, que no llegaba a aquel punto de salvajismo que tal vez su gusto exigía.

Recogemos esta opinión, no por el interés intrínseco que pueda tener, sino porque su propia singularidad hace de ella uno de los eslóganes, una de aquellas frases de sentido impelente, que se encuentran en la base de todos los «ismos» —en este caso, en la base del modernismo—. Todos los movimientos de vanguardia tienen, en su arranque, escandalosas quintaesencias despectivas. En cualquier caso sería interesante saber si Gaudí la conoció directa o indirectamente. Dada la relación que tuvo con los intelectuales de la época más sensibles a las palpitaciones de allende las fronteras —con Yxart, con Toda, etc.—, el hecho es posible. Es un juicio que se presta a extraer de él deducciones que, servidas por una vitalidad como la de Gaudí —vitalidad formidable—, han de producir grandes consecuencias. En cualquier caso, Gaudí es inseparable del movimiento modernista desde muchos puntos de vista; no inseparable de lo que podríamos llamar el credo modernista, sino de las condiciones de libertad holgada, que hicieron posible el movimiento. Sin embargo, el arquitecto Gaudí fue un modernista de una personalidad tan enorme que fue una rama infinitamente más importante que el propio tronco.

Me parece también correcto situar a Gaudí en su

tiempo y ver los tributos que tuvo que pagar a su época. Dada la evolución posterior de Gaudí, es esta una cuestión accidental y desprovista de importancia, en definitiva, pero es una cuestión de la que no se puede prescindir porque explica la pasión que caracterizó, en uno u otro sentido, la mentalidad del gran arquitecto. Los desapasionados suelen ser inmutables. Gaudí nunca fue un desapasionado, ni cuando tuvo ante la religión una postura, ni cuando tuvo la contraria.

En la biografía del crítico Feliu Elies (Joan Sacs) sobre el pintor Simó Gómez, libro premiado y editado por la antigua Junta d'Exposicions de Barcelona, encontramos en la página 109 los datos siguientes:

«El cenáculo del Café Pelayo tenía un apéndice interesante. Era una pequeña tertulia... la de los anticlericales, quienes, según se decía, se reunían allí únicamente para renegar en común, como un rito nocturno. Este cenáculo lo formaban el arquitecto Gaudí, otro arquitecto llamado Oliveres y un tal señor Fargas. Gaudí, principiante entonces en la arquitectura, estaba lleno de talento y de buenas iniciativas, colaboraba en la construcción del Parc de la Ciutadella, proyectaba las hermosas farolas de la plaça Reial, etc. Era tan apasionadamente anticatólico que no vacilaba en absoluto ante las más vociferantes manifestaciones del anticlericalismo, deteniéndose por ejemplo ante la puerta de las iglesias para abroncar a los fieles (que entraban o salían de ellas) con el grito entonces muy elocuente de lanudos.

»Una vez concluida la ceremonia de insultos, los

contertulios se iban con la satisfacción del deber cumplido, excepto Gaudí, que se quedaba unos minutos él solo y después se unía a la tertulia de los Guimerà, Yxart, Vilanova».

Dado que la lectura de estas noticias me intrigó un poco, un día que encontré a Feliu Elies —excelente amigo— en la biblioteca del Ateneu me permití hacerle una referencia.

—Lo que ha escrito sobre la tertulia del Café Pelayo y de Gaudí es sorprendente...

—¡Por supuesto! —me contestó—. La información es cruda, pero desgraciadamente es cierta. La tengo de una persona que se encontraba allí, quiero decir de uno de los asistentes de más asiduidad y relieve de la peña de Guimerà: del arquitecto Domènech i Montaner. Cuando se trata de cosas personales, Domènech es un hombre colérico, malhumorado y crispado, pero sabe muchas cosas y cuando habla de su época es inagotable, un archivo viviente, y un archivo de cosas de primera mano, auténticas. Siempre que me pareció necesario contrastar alguna noticia dada por él resultó cierta, plenamente confirmada.

Precisamente cuarenta años después de esta conversación hablaba de Gaudí en Lausana con Josep Pijoan.

—No conozco el libro del Apa sobre el pintor Simó Gómez —dijo Pijoan—, pero lo que dice de Gaudí, que usted me refiere, no me sorprende en absoluto. Gaudí fue un hombre lleno de contradicciones, hasta un límite indescriptible. Sobre todo en su juventud debió de pasar por momentos de una pasión vehemente. Su crisis religiosa duró muchos años. Su vida está llena de zonas oscuras, que tal vez nadie se preocupará de esclarecer. En nuestro país hay un interés excesivo en mantener las ficciones, a pesar de que de vez en cuando se quemen unas cuantas iglesias. Gaudí fue un catalán de fondo trágico, como el propio Maragall.

Y tras una pequeña pausa:

—Ya sabe usted que yo sostengo que al catalán la emigración le va muy bien, sobre todo si es inteligente. En toda la Península ocurre lo mismo. Seguro que en el extranjero se añora, pero, puesto que vive en una sociedad más auténtica, más abierta a los méritos positivos, da un gran rendimiento. Por lo general, el rendimiento del catalán en el interior, exceptuando algún caso raro aislado, sobre todo en la erudición, no es muy grande; es ante todo un trabajo desconectado de las corrientes del tiempo. Evidentemente podrá usted decirme que el señor Prat, Gaudí o Maragall no necesitaron exiliarse para hacer alguna cosa realmente positiva. Pero tal vez podría discutirse. Ciertamente sobre Maragall la profecía es difícil, muy difícil... De Gaudí le diré que habría sido el hombre —el único hombre del mundo— capaz de hacer la catedral de Nueva York si esa ciudad hubiese considerado indispensable tener la catedral proporcionada a su volumen y a su espíritu. Gaudí es el último arquitecto espiritualista, de sensibilidad religiosa, de la historia de la arquitectura. Después de él ha habido arquitectos excepcionales, extraordinarios constructores, dedicados exclusivamente, sin embargo, a hacer cosas prácticas, obras consagradas al servicio del bienestar material de grandes masas que aspiran a vivir bien. Y no le digo todo esto valiéndome de mi carrera de arquitecto y del conocimiento personal que tengo de mis colegas. No. Lo que le estoy diciendo lo ve hasta un niño. Gaudí fue un apasionado absoluto, y por esta razón lo he defendido y lo defiendo siempre. Maragall también lo fue, pero de otra manera. Gaudí fue un apasionado por concentración religiosa, por llamarada interna. La pasión de Maragall era más compleja, se manifestaba con más cautela; utilizaba eufemismos que para mí no lo son, ya que para mí Maragall es clarísimo, literal y explícito.

Mientras Pijoan me hablaba en este tono, en Barcelona se discutía, en las páginas de una revista, en qué pueblo había nacido exactamente Gaudí. Hasta la fecha todo el mundo pensaba que había nacido en Reus, pero resulta que Riudoms tenía también muchas probabilidades. Pensé en la vieja canción:

De Reus a Riudoms
diuen que hi ha una hora,
i de Riudoms a Reus
la mateixa estona.

(De Reus a Riudoms / dicen que hay una hora / y de Riudoms a Reus / el mismo rato.)

Es una discusión sin sentido. La confusión se explica simplemente por lo que decíamos al principio —que no es una opinión personal, sino que proviene directamente del ambiente que conserva el espíritu de Gaudí de una manera más estricta—.

Pero el hecho es curioso porque demuestra que cuando gobiernan unos la verdad de estos es personal y, cuando gobiernan otros, la verdad es diferente, es la de los otros. Alguien tuvo interés, dado que Riudoms, con relación a Reus, es un pueblecito de antecedentes razonables, agrarios y beatos, en que Gaudí naciera allí —nació en el aludido mas del término de Riudoms y se le bautizó en Reus—. El problema es grotesco. ¡De Riudoms a Reus hay una hora... a pie!

Todo lo que se refiere a Gaudí tiene un gran interés. Según mi modesto parecer, este interés es independiente de las razones que uno pueda tener para afirmar una adhesión o una reprobación con respecto a su obra, para decir que a uno le gusta o no le gusta —más o menos—. Gaudí es una de las figuras más grandes de la época que vivimos. El volumen de esta figura crece día a día dentro y fuera de las fronteras —tal vez aumenta más fuera que dentro—. El creador de la Sagrada Familia se está convirtiendo en uno de los más grandes arquitectos de su tiempo. Todo lo que signifique contribuir al conocimiento de esta figura, aportando la información que se tenga —por pequeña que sea—, es un trabajo positivo. Cada día son más escasas las personas que lo trataron personalmente. El tiempo pasa, la gente envejece e inexorablemente muere, con una discreción absoluta, sin dejar el más leve rastro manejable —escrito—, caminando de puntillas como es costumbre en todos los tiempos. Esta es la razón por la que cualquier testimonio directo es estimable, para que contribuya a la biografía que algún día se hará de Gaudí.

Cuando llegué a Barcelona en el segundo decenio del siglo, Gaudí tenía una gran fama, pero su obra avanzaba en medio de una gran polémica. En muchos sectores de la vida intelectual de Barcelona era objeto de una crítica permanente. En general, los libertinos, los llamados «espíritus fuertes», la mayor parte de los artistas, casi todos enamorados de la vida de París, las lenguas viperinas más acreditadas, estaban en contra de la obra de Gaudí. La mayoría se consideraba incompatible con la sensibilidad religiosa del arquitecto. Carner hacía sus típicas burlas. Los novecentistas eran nerviosamente contrarios a la concepción arquitectónica de Gaudí —sobre todo Ors y Riba—. A causa de los gustos clásicos de estos, Gaudí los incomodaba. A veces, molestos, apretaban los dientes.

A favor del arquitecto estaban, por lo menos de entrada, el obispo Torras i Bages, la Acadèmia de Sant Lluc, Prat de la Riba, el P. Casanovas, S.I., el señor Maragall, Cambó, Josep Pijoan, algunos, pocos, arquitectos... y poca cosa más. Los cautos no decían nada, hacían mutis, esperaban, como siempre, que las cosas se aclarasen. Los citados en primer término dominaban las tertulias y los diarios, eran la flor y nata de la Barcelona del momento. Y la Sagrada Familia se iba haciendo, con el ritmo lento de las catedrales, pero se iba haciendo.

La decisión de fundar la Asociación Espiritual de Devotos de San José nació en Montserrat el año 1866. El señor Josep Maria Bocabella i Verdaguer, librero con una tienda en funcionamiento en la calle de la Princesa, llevó el acuerdo a la práctica. El año en que se produjo la decisión es muy evocador. Tiempo de intranquilidad política. Los elementos diríamos avanzados tienen todas sus ilusiones puestas en la figura que, sobre todo en Cataluña, parecía encarnar el liberalismo: el general Prim. Los inmovilistas pasan por un mal momento. Como consecuencia del proceso de la unidad italiana, el Pontificado vive un mal momento y la creación de Italia, capital Roma, destruye el poder temporal de los papas. En la Península la revolución de septiembre exilia a Isabel II, instaura a don Amadeo, que sale con las manos en la cabeza al cabo de pocos meses, las Cortes votan la Primera República, se produce la segunda guerra civil —que es la cuarta—, y Cánovas, con el Fomento del Trabajo Nacional, Duran i Bas y Mañé i Flaquer (del Brusi), restauran la casa de Borbón. Para los católicos activos, el momento era realmente crucial. A la Asociación Espiritual de Devotos de San José se le llamó, para abreviar, Asociación Josefina y tuvo como finalidad «alcanzar de Dios mediante la intercesión de San José el triunfo de la Iglesia en las difíciles y azarosas circunstancias que atraviesa el mundo en general y en particular nuestra católica España».[1] Una de sus primeras decisiones fue publicar *El Propagador de la Devoción a San*

1. En castellano en el original.

José inspirado en la revista que un hermano marista, Josep Huguet, publicaba en Saint Foy (Borgoña) titulada *Propagateur de la Dévotion a Saint Joseph*.

En las notas históricas contenidas en el catálogo de la Exposición Gráfica del Templo Expiatorio de la Sagrada Familia, que se celebró en Barcelona en 1940, hay bastantes cosas que leer, relacionadas con los promotores y con la turbulencia de la época. Bocabella era tradicionalista, pero al vivir en Barcelona (ciudad en gran parte liberal) no tuvo más remedio que enrolarse en la Milicia Nacional y, dado que acentuó cuanto le fue posible su temperamento pacifista, entró a formar parte de la banda de música simulando que sabía tocar la flauta. «Bocabella —escribió su contemporáneo Francesc Arenas— sentía horror por las combinaciones y extranjerismos, no confiaba poco ni mucho en los bancos ni compraba productos franceses que le recordasen la ocupación en Barcelona, ni siquiera comía lo que se decía ser de importación extranjera.»[2]

La Asociación Josefina decidió construir un templo expiatorio dedicado a la Sagrada Familia, y, tras anunciarse el proyecto, se recaudaron, casi en secreto, en siete años, treinta mil duros, con los que se compró el solar del templo. Los tumultos y los estragos típicos de aquellos años obligaron a guardar los donativos debajo de los ladrillos que sostenían el mostrador de la librería que Bocabella tenía en la calle de la Princesa. Antes de construirse la

2. En castellano en el original.

cripta del templo, la Asociación celebraba sus cultos en la iglesia de la Congregació de l'Esperança, en la calle de la Palma de Sant Just.

A las cinco de la tarde del día 19 de marzo de 1882 se colocó la primera piedra del templo, que bendijo el obispo Urquinaona con asistencia de las autoridades locales, una considerable multitud y la banda del regimiento de Ingenieros. Dado que el emplazamiento se encontraba un poco alejado del centro de la ciudad, muchos asistentes concurrieron a la ceremonia montados a caballo o utilizando todo tipo de carruajes y, de este modo, en la muchedumbre abundaban los cocheros, lacayos y criados de todas las categorías. Desde los primeros momentos formaron parte del cuadro de honor de la Asociación Josefina el papa Pío IX, la reina Cristina, el que después fue Alfonso XIII y el padre Antoni Maria Claret, santificado posteriormente.

El primer arquitecto del templo fue el señor Villar —o del Villar—, arquitecto diocesano que ha dejado un recuerdo inconsistente. En 1883, un año después de la primera piedra, Villar dimitió de la dirección. En 1884 se le encarga al arquitecto Antoni Gaudí la construcción de la capilla absidal del altar de Sant Josep, y el 19 de marzo de 1885 se inicia el culto en este altar. Este es el año del comienzo real de la Sagrada Familia.

En sus primeros años la Asociación tuvo mucho brío. El *Propagador*, que inició su larga vida (se publicó hasta el año 1936) con doscientos suscriptores, al cabo de siete años tenía muchos miles. Las funciones josefinas se prodigaron. Al papa se le socorrió en este espacio de tiempo con 92.500 pesetas (buenas); se editaron muchos impresos, se repartieron 572.000 medallas, 392.000 cédulas de agregación, 16.000 ejemplares de la Devoción de los Siete Domingos y 71.000 de la Corte de San José. Con motivo de la definición del dogma de la Inmaculada Concepción se le regaló al papa un grupo del templo, de plata, que costó tres mil duros. La colocación de la primera piedra inclinó el fiel de la balanza a favor del josefinismo. La improvisación inicial se vio sustituida por la construcción de diversas dependencias indicadoras de una voluntad de persistencia. En julio de 1882 trabajaban en la cripta cincuenta obreros y se disponía de ocho carros. El proyecto era contratar a trescientos obreros.

La construcción de la capilla y del altar absidal de Sant Josep, primera realización de Gaudí en lo que será más tarde la Sagrada Familia, representó la integración del arquitecto en el pequeño mundo en aumento de los josefinos. ¿Cómo fue posible este hecho? ¿Cómo fue posible que ese pequeño mundo de la beatería más reaccionaria pasase de la mediocridad reconocida y proclamada del arquitecto Villar a la entrega de la dirección arquitectónica al señor Gaudí? En la tradición del país apenas existen precedentes de hechos semejantes. Hablando en general, la arquitectura de Barcelona es el triunfo casi permanente del cliente sobre el arquitecto —suponiendo que el arquitecto haya tenido algo que decir—. El hecho es que, tras asumir la dirección de las obras apenas iniciadas, Gaudí abandonará en seguida la sensibilidad tradicional, todos los complejos y las tendencias del gusto pietista de la pequeña burguesía barcelonesa, e impondrá su criterio. Impondrá sus ideas sobre la arquitectura religiosa en un pequeño mundo de mediocridad llevada hasta las últimas consecuencias. Villar tendría que haber sido el arquitecto. Pero no fue Villar. Fue Gaudí. ¿Cómo se explica este hecho? La obra de Gaudí podrá gustar mucho o poco o nada. Pero esta no es la cuestión. La cuestión consiste en explicar por qué razón fue Gaudí el arquitecto de los josefinos. Hojeen ustedes un rato —no me atrevo a pedir más— la colección de *El Propagador de la Devoción a San José.* Se encontrarán, sin querer prescindir del inevitable peso de la época, con una de las concentraciones de inanidad, de frases hechas y de vulgaridad apologética más vastas e importantes que se hayan producido en este país. Pero los hechos son los hechos: fue en el mundo del *Propagador* donde Gaudí pudo llevar a término lo que se proponía hacer. Es literalmente inaudito.

En los últimos años de su larga vida, Josep Pijoan todavía no podía comprender estos hechos, aun a pesar de la reflexión que había proyectado en ellos y de la documentación que de ellos tenía.

—¿Cómo era Bocabella? —le pregunté un día en Suiza dos años antes de morir.

—Era un completo tendero que vendía libros, pero es igual. Era un tendero. ¡Y no es una crítica! Simplemente digo que en sensibilidad, en ideas, en concepción de las cosas y en profundidad religiosa, Bocabella era lo más opuesto a Gaudí.

—¿Y cómo puede explicarse el hecho de que se entendieran?

—Se entendieron por razones suprarreales.

—¿Habla usted en serio?

—Por aquel entonces se dijo en Barcelona, sobre todo en el mundo de los josefinos, que un familiar de Bocabella había tenido la inspiración divina de que el arquitecto del templo en proyecto tendría los ojos azules. Cuando los dirigentes de la Asociación se colocaron ante Gaudí, que tenía los ojos azules (el hecho ocurrió en el despacho del arquitecto Martorell, el de la fachada neogótica de la catedral, pagada por el señor Girona y para el que trabajaba Gaudí), Bocabella dijo: «Este joven será el arquitecto de la Sagrada Familia». Y lo fue. Se trata de un mundo difícil de comprender y que no se puede explicar a partir de esquemas racionales, siempre precarios e insuficientes. La gente es la gente. Si se prescinde de esta explicación, ¿qué otra puede haber? Es la única que yo conozco. Gaudí nunca fue un adulador ni un vanidoso. Tuvo el noble orgullo del hombre superior, como es perfectamente natural. Las miserias nunca pudieron influirle. Cuando tengamos el libro, documentado y auténtico, sobre la Sagrada Familia y Gaudí, algo se tendrá que saber. De todos modos una cosa me parece cierta: lo que hizo Gaudí con los josefinos, una vez tuvo la dirección de la obra, no habría podido realizarlo ni en París, ni en Londres, ni en Berlín, y no digamos en Italia o en Estados Unidos, en la misma época, y ello a causa del embate crítico de los distinguidos católicos del organismo que habría tenido que soportar. Cuando los josefinos de Barcelona se convencieron de que Gaudí era el ungido por Dios para realizar las obras de la Sagrada Familia, le dieron carta blanca, no pusieron ningún obstáculo insuperable a su prodigiosa creación. Y así fue como se inició y se construyó lentamente el templo. A veces he pensado si algunas catedrales medievales no tuvieron el mismo origen...

La progresión de las obras fue lenta. Durante los primeros años los josefinos se movieron mucho. En realidad en ningún momento se dispuso de dinero abundante y suficiente para imprimir a la obra un ritmo rápido. La muerte —muy joven— de Bocabella influyó en ello positivamente. El dinero que se fue gastando pocas veces se proporcionó espontáneamente: en realidad, fue dinero recaudado, recogido. Gaudí se pasó la vida haciendo visitas y pidiendo caridad. En esta triste historia hemos de hacer dos excepciones. En un momento determinado y como consecuencia de unos artículos publicados en el Brusi por el señor Martí Manlleu, gran amigo de Gaudí, el arquitecto recibió un cheque de 800.000 pesetas de origen desconocido para las obras. Al cabo de poco tiempo recibió otro de menor cuantía. Los dos se cobraron debidamente y se entregaron a la Junta diocesana del templo. En 1905, Maragall publicó su gran artículo «Una gràcia de caritat» (Una gracia de caridad). El título habla por sí mismo. En 1906 publicó «En la Sagrada Familia», siempre en el Brusi, con la misma finalidad. Maragall y Pijoan recogieron dinero entre todas las clases de la sociedad, pero sobre todo entre la gente modesta. Algunos años más tarde Joaquim Ruyra publicó un «llamamiento» que se estampó sobre un papel volante y tuvo mucha difusión. Finalidad: siempre la misma: pedir caridad. En un momento preciso, el Ayuntamiento de Barcelona votó una cantidad para la continuación de las obras. Los regidores lerrouxistas combatieron posteriormente el acuerdo y se llegó a un compromiso: el dinero serviría para la formación de una maqueta, nunca para la continuación de las obras. Gaudí, al morir, dejó para las obras todo el capital que tenía: cincuenta o sesenta mil pesetas.

Todos los observadores, testigos y escoliastas de los intríngulis de la Sagrada Familia han estado conformes en proclamar que la historia del templo es inseparable de la miseria económica, de la falta de dinero. El hecho de que el dinero del que se pudo disponer en cada momento nunca fuera una cantidad prevista, sino recogida al azar de la mendicidad sucesiva, hizo que nunca se pudiera establecer más que de una manera imprecisa, y pendiente de los acontecimientos imprevistos, un plan de construcción proyectado sobre un tiempo determinado. Se produjo una oscilación casi continua entre la interrupción de las obras, total o parcial, y la posibilidad, siempre aleatoria, de la reanudación. En estas trágicas oscilaciones Gaudí se dejó la vida. Quienes quisieron dar a entender, quienes proclamaron que la Sagrada Familia era la catedral de los pobres, incluyeron este hecho en diversas y obvias razones.

Aun así siempre se fue haciendo algo —muy poco, ciertamente—. Solo los largos períodos de tiempo permitieron la visibilidad. Van acortándose los años que faltan para la celebración del centenario de la primera piedra. Solo la enorme, la indescriptible voluntad de Gaudí pudo vencer el largo período gris que atravesaron, en el transcurso de su existencia, las obras del templo.

Parece evidente que esta agobiante lentitud tuvo causas precisas. El proceso de su construcción ha sido y será, en definitiva, el que han querido y querrán los ciudadanos de este país y especialmente los barceloneses. Creo que es posible albergar ciertas dudas sobre si la Sagrada Familia despierta un grado visible de interés en la masa humana, en la mayoría de los ciudadanos. Es indudable que el grupo minoritario que desde el primer momento se apasionó por la obra de Gaudí ha aumentado considerablemente, tanto quienes la defendían por razones religiosas como por razones artísticas, como por ambas razones, y este fue el caso de los mayores admiradores del arquitecto, entre los que se cuenta mi viejo y respetado amigo Ràfols, cuya memoria me es inolvidable y gratísima. Cuando llegué a Barcelona, en 1913, para estudiar en la Universidad, me sorprendió la indiferencia de los estudiantes —casi todos de familia burguesa— ante la obra. Más tarde, y ya más o menos en contacto con los medios intelectuales, sería decir muy poco afirmar que encontré en ellos indiferencia. Constaté una oposición abierta, deliberada y consciente. Era el triunfo del novecentismo. La pesadilla de Eugeni d'Ors fue Gaudí. No puedo detenerme en estas cosas —que por otra parte mucha gente sabe—. Solo recordaré que el único intelectual totalmente marginal de la sociedad católica y perfectamente libre que defendió a Gaudí fue Francesc Pujols. Le defendió con la pluma y con la palabra en un ambiente de gran densidad hostil. Esta postura de Pujols ante el gran arquitecto es una de las claves de la generación posnovecentista que Pujols contribuyó a formular y a mantener, a pesar de su trato indolente y muy poco propicio a la formación de una jerarquía sin la que los intelectuales no pueden vivir. Todo este cúmulo de cosas está por estudiar y sistematizar —cosa que tal vez se hará algún día—. En cualquier caso, la generación posnovecentista contempló ya la obra de Gaudí de otra manera, con mucha más libertad y sin los prejuicios de la cultura griega pasada por el XVIII franco-alemán, es decir, por la academia de yeso. De todos modos, todas estas historias influyeron poco en la gente, y el prestigio de Gaudí fue escaso. Gaudí concentró la indiferencia y la oposición de la sociedad y de los intelectuales que podríamos llamar «distinguidos».

Pero hubo otras causas de la lentitud de las obras. Desde que la Asociación de los Josefinos inició sus cultos en la iglesia de la calle de la Palma de Sant Just, tuvo como director espiritual al reverendo doctor Josep Vendrell Porta, que fue el verdadero representante del señor obispo durante los primeros años de la construcción de la Sagrada Familia. Por decreto episcopal de 20 de julio de 1895, el obispo Català nombró una junta de dirección y administración que estuvo formada por el reverendo Frederic Millan, presidente, y como vocales por los señores Martorell, Monteys, Alvar C. Camín, J. Dalmases i de Riba, Nogués Taulat, Nogués Sagarra, Gil Llopart y el representante de los menores Bocabella-

Dalmases. Con el tiempo murieron algunos de estos señores, el señor Millan enfermó y el cardenal Casañas, sucesor del obispo Català, nombró presidente al doctor Cortés, obispo auxiliar, y vocales a los señores Joan y Josep Llimona —grandes gaudinistas como todo el Cercle de Sant Lluc—, al señor Martorell (Bernardí) y al señor Josep Mundo, y confirmó en sus cargos a los vocales en vida. Después murieron el doctor Cortés y el cardenal Casañas, y el obispo que lo sustituyó, o sea Laguarda, nombró presidente de la junta al doctor F. de P. Mas, que más tarde fue nombrado obispo de Gerona.

Por las personalidades incluidas en estas listas, puede verse en seguida el interés que tuvo el obispado en los primeros años de la Sagrada Familia. En el transcurso de este período no se produjo ninguna dificultad entre las personas que de una forma u otra intervinieron en la construcción. En 1907, ante el extraordinario volumen que iba tomando la parroquia de Sant Martí de Provençals (30.000 almas), el cardenal Casañas tuvo la idea de establecer en la Sagrada Familia una tenencia parroquial de Sant Martí, en cuyo término se construía el templo. El cardenal trató la cuestión con una gran delicadeza. Envió un documento a la junta en el que decía literalmente: «El incremento [de Sant Martí] lleva al Excmo. Cardenal Casañas, obispo de Barcelona, a solicitar de la Asociación autorización para que, mientras no se establezca una nueva parroquia, resida en el templo una tenencia parroquial, dando por supuesto que si creen que puede perjudicar al templo en lo más mínimo lo digan libremente a fin de encontrar otra solución». Naturalmente, el deseo del cardenal, tan fina y objetivamente manifestado, fue correspondido.

En 1912, rigiendo el obispado el doctor Laguarda, se produjo un intento de convertir la Sagrada Familia en una parroquia más de Barcelona. La junta de construcción tuvo la noticia de la existencia de un decreto, ya firmado en este sentido. Gaudí fue a ver al señor Prat de la Riba, presidente de la Mancomunitat. Prat fue a ver a Laguarda, y este no solo retiró el decreto, sino que dio su palabra de que la Sagrada Familia no se convertiría en parroquia. Vean ustedes de qué manera —y bajo el título de «¿En Gaudí deixa les obres de la Sagrada Família?» (¿Deja Gaudí las obras de la Sagrada Familia?)— dio Prat personalmente la noticia en la edición nocturna de *La Veu* del 21 de diciembre de 1912:

«En uno de los lugares frecuentados por artistas de nuestro país se comentaba acaloradamente la noticia de que Gaudí abandonase la dirección de su genial obra, el Templo Expiatorio de la Sagrada Familia, antes de presenciar el golpe mortal que el templo recibiría al convertirse en una de tantas parroquias de la ciudad. Nosotros, si bien ya creímos que nuestro dignísimo prelado jamás querría empequeñecer esta nueva Sede que con noble orgullo viste para Su Dios nuestra tierra, con todo y con eso consideramos un deber sagrado averiguar qué podía haber de ello en asunto de tanta trascendencia para poner al corriente a nuestros lectores.

»Por personas que merecen la confianza más absoluta y que pueden estar bien informadas del asunto, nos consta que, hace tiempo, la Junta del Templo se ocupó de esta cuestión, habiendo manifestado su dignísimo presidente a sus compañeros en nombre del señor obispo, con quien se entrevistó, que podían estar seguros de que el templo no se convertiría en parroquia. Como sea que no podemos dudar de la sinceridad de las respetables personas que nos han informado y mucho menos de las respetabilísimas palabras de nuestro prelado, nos parece poder asegurar que de momento no hay motivo de alarma».

Si en 1912 hubiese prosperado el decreto del obispo Laguarda, y la Sagrada Familia se hubiese convertido en una parroquia más de Barcelona, no solo se habría desvirtuado la finalidad de su creación, sino que la intervención de Gaudí habría acabado. Ya no se habría tratado de continuar el Templo Expiatorio, sino de dar dinero a la nueva parroquia con la inevitable pérdida de los legados hechos de una manera específica y voluntaria a la Sagrada Familia para unos determinados fines. Significaba la transformación, por no decir la destrucción total, de estos fines. Más que indiferencia se habría producido una prevención inmediata. La gestión del señor Prat fue literalmente un salvamento.

La palabra dada por el doctor Laguarda fue mantenida por sus sucesores, los obispos Reig, Miralles y Guillamet, y todo hacía suponer que el obispo Irurita haría lo mismo. En cualquier caso, el 20 de noviembre de 1930, por carta del canónigo canciller y secretario de cámara doctor Ramon Baucells, el presidente de la junta constructora, canónigo doctor

Francesc Parés, se comunica a la junta que ocho días antes el obispo Irurita había firmado el decreto convirtiendo la Sagrada Familia en parroquia de la diócesis, desnaturalizando de este modo la existencia y dificultando la continuación del Templo Expiatorio en beneficio, claro está, de Sant Josep de la Muntanya, que era en definitiva lo que se trataba de demostrar. Gaudí ya había muerto. También había muerto el pequeño mundo de los inicios del templo. El decreto del obispo daba una idea muy extraña de la unidad católica en aquel obispado.

El señor Josep M. Dalmases-Bocabella, nieto del fundador, hizo gestiones ante diversas personalidades con la finalidad de obtener la derogación del decreto. El abogado Anguera de Sojo, que tenía una merecida fama de ser gran conocedor del derecho canónico, comprendió que, si elevaba el consiguiente recurso, la Santa Sede tendría que revocarlo. ¿Cuándo podría producirse la revocación? Anguera no pudo precisar la fecha. «En general —dijo el letrado— la revocación se produce después de la muerte del prelado causante.» En cualquier caso, Anguera creyó que el obispo se haría cargo de los perjuicios irrogados. Todo fue inútil. Después de la frase de Irurita: «Estos no son tiempos de catedrales»,[3] se le hizo la observación de que la Sagrada Familia era un templo votivo, un templo expiatorio. Contestó de manera displicente «que todos los templos son expiatorios e impetratorios».[4] El presidente

3. En castellano en el original.
4. En castellano en el original.

de la junta, doctor Parés, canónigo, vicario general y canonista, visitó al obispo dos veces. La segunda visita duró un instante. Pocas horas después, el doctor Parés dimitió del cargo. En 1932 murió el señor Dalmases-Bocabella, obsesionado por el futuro del templo. Sin embargo, la presión continuó.

La junta había tenido noticias según las que el canónigo Baucells había afirmado que el obispo Irurita «había ordenado al nuevo ecónomo de la Sagrada Familia que procurase encontrar un local que arrendado o comprado pudiera servir de iglesia parroquial». El señor Damià Mateu, miembro de la junta constructora, tomó el pretexto de esta noticia para visitar al obispo y ofrecerle un local suficientemente adecuado para parroquia, que había servido como almacén de la casa Maristany, muy próximo a la Sagrada Familia. Irurita consideró descomedidamente la propuesta y el canónigo Baucells afirmó que se había disgustado. Era un resultado precario, pero era un resultado. La gestión del señor Mateu había sido normal y ecuánime.

Mientras tanto, el secretario de la junta, señor Martí Manlleu, se atuvo a la conducta correcta de un gran apasionado de la obra de Gaudí y especialmente de la Sagrada Familia —conducta que el mencionado señor explica en su folleto «Carta abierta al señor obispo de Barcelona»—.[5] Este folleto —cada día más difícil de encontrar— es indispensable para conocer toda esta lamentable historia. Es un documento filial, ecuánime, correcto, pero de una abso-

5. En castellano en el original.

luta objetividad. El 30 de septiembre de 1935 el señor Martí Manlleu fue destituido de su cargo y poco después el canónigo Baucells pidió a los periodistas encargados de la información en el Palau que no publicasen nada que hiciese referencia a la Sagrada Familia que no hubiese explícitamente autorizado.

El señor Martí Manlleu intentó que las entidades artísticas de Barcelona y el congreso de arquitectos que por aquellas fechas se reunió en Tarragona se ocuparan de lo que estaba sucediendo. Las entidades artísticas se inhibieron. El congreso de los arquitectos dio la gestión por no hecha y se cerró en un mutismo total.

Mientras tanto las donaciones para el templo escaseaban cada día más y los suscriptores del *Propagador de la Devoción a San José* iban dándose de baja. Este movimiento se acentuó cuando el obispo nombró director de la revista a un tal reverendo Rodríguez de Robles, que llevaba dos años residiendo en Barcelona y no sabía nada de la Sagrada Familia ni de quien la había creado. La revista se quedó prácticamente en cuadro y la prevención popular se acentuó como se había pronosticado desde el primer momento y era perfectamente natural. Un redactor del *Correo Catalán*, también del estamento eclesiástico, sustituyó al reverendo Rodríguez en la dirección del *Propagador*, pero no pudo hacer más que dos números, dado que la guerra civil de 1936 se había puesto en marcha.

Todo el mundo sabe que en el transcurso de aquellos trágicos acontecimientos se produjeron en la Sagrada Familia estragos descomunales.

Se destruyeron muchas cosas y la tumba de Gaudí fue violada. Sin embargo, muchas personas se han preguntado qué habría sucedido si se hubiese podido seguir hablando del templo *como obra de arte*, si se hubiese podido fomentar su *popularismo* y su auténtica *ejemplaridad*. En cualquier caso, podemos suponer que en julio de 1936 esta dialéctica habría podido servir de pararrayos. El hecho de ser una parroquia, es decir, en definitiva un establecimiento eclesiástico burocrático, no tuvo ningún efecto sobre las masas desbocadas. Es también posible que si se hubiese podido construir el Pabellón Gaudí en el lugar que hubo que *respetar* para que el ecónomo de la parroquia de la Sagrada Familia enterrase la basura de la casa, tal vez habría podido salvarse el proyecto plástico y el proyecto gráfico del Templo y el legado profesional de Gaudí o por lo menos el Museo Gaudí que se había proyectado en el Pabellón. Todo se destruyó de una manera bestial. La herencia creadora, arquitectónica y genial del gran arquitecto debería haberse salvado. ¿Cómo habría podido salvarse abandonada en una dependencia inextricable de una parroquia suburbial?

La pequeña y grande historia de la Sagrada Familia, inseparable de la vida de Gaudí, es asunto muy largo y poco edificante. Todos los testigos, observadores y escoliastas de la obra coinciden en el hecho de que la etapa parroquial de la Sagrada Familia se caracterizó por la pérdida trágica de la serenidad más elemental en personas que tenían que mantenerla de una manera obligada.

Propuesta por el señor Bocabella al señor Villar —arquitecto diocesano, exactamente Villar Lozano— la construcción del templo josefino, este señor proyectó una estructura neogótica absolutamente vulgar, y en seguida comenzaron las obras de la cripta. En un momento determinado, el arquitecto Martorell, que era asesor de Bocabella en la construcción iniciada, discrepó de Villar por razones técnicas, y este dimitió del cargo. Martorell, propuesto para sustituirlo, no aceptó por delicadeza. Creyó que tenía que quedarse al margen por haber intervenido en la dimisión de Villar. Propuso a su colaborador, a quien se aceptó. Era Gaudí.

Tras recibir el encargo, Gaudí pasó por una primera etapa en que fue mucho a tientas. Esta etapa no fue corta. Consideró el proyecto de Villar, pero proyectó en seguida unas modificaciones en los aspectos accidentales. Pronto abandonó las molduras clásicas y las vistió con formas directamente sacadas de la naturaleza buscando estructuras nuevas. «De este proceso —escribió el arquitecto Quintana en su estudio *Les formes guerxes del temple de la Sagrada Família* (Las formas alabeadas del templo de la Sagrada Familia), indispensable para comprender el proceso de la evolución de Gaudí—, salió el proyecto de estilo *gótico mediterráneo*, o sea *gótico vestido*, que podríamos llamar así empleando denominaciones adecuadas debidas al gran maestro.» (Más adelante veremos, con claridad, cómo ha de tomarse la palabra *gótico* en la obra de Gaudí.)

Esta primera etapa, llena de perplejidades en la dirección de la Sagrada Familia, coincidió con los grandes encargos civiles y eclesiásticos que se le propusieron —los del señor Eusebi Güell, los de Astorga y León, etcétera—, algunos de los cuales se realizaron, otros menos o nada. En uno de los encargos del señor Eusebi Güell se produjo el prodigioso espectáculo de ver aparecer y hacer eclosión la aportación de Gaudí a la arquitectura, la demostración de su genio. En 1908 se le encarga la construcción de la iglesia de la Colonia Güell, en Santa Coloma de Cervelló. Por desgracia, solo se llegó a construir la cripta, pero es evidente que en los estudios y el modelo para hacer esta iglesia está *ab ovo* la Sagrada Familia. En la evolución de Gaudí, Santa Coloma de Cervelló es el hito básico, la esencia de donde posteriormente saldrá todo. En la Sagrada Familia esta evolución puede verse con los ojos comparando la cripta con el ábside y el ábside con la fachada del Nacimiento. El arquitecto Quintana fijará mucho mejor que yo la importancia del hecho en el ensayo aludido:

«En el estudio y la realización de la iglesia de la Colonia Güell fue donde Gaudí, desligado de cualquier ley de trabas, libre de todo prejuicio, compenetrado con el señor conde y bajo su mecenazgo, proyectó el templo objeto del encargo con toda la originalidad de su poderoso genio y de una manera íntegramente plástica, ya que los planos estaban formados por un pequeño modelo obtenido con las curvas de las presiones que regían la estabilidad de la obra. Desgraciadamente solo se llegó a construir la cripta: sin embargo, fue suficiente esta parte de aquel estudio para que determinase de una manera definitiva las formas que decididamente habían de edificar el templo de la Sagrada Familia.

»Con su formidable sentido mecánico y su maravillosa percepción de las formas en el espacio, con las formas alabeadas consiguió unos resultados tan sorprendentes al aplicarlas libremente a las columnas y a las bóvedas de dicha cripta que no pudo resistirse a aplicar su gran ductilidad y su luminosa riqueza a las formas del gran templo, la obra maestra de su poderosa fantasía. Así pues, la iglesia de la Colonia Güell fue como una especie de ensayo del templo de la Sagrada Familia.

»Así fue como Gaudí, dejando de lado cualquier reminiscencia gótica, pasó a proyectar un templo solo con paraboloides hiperbólicas... Por lo que se refiere a las columnas, la solución con paraboloides lo llevó en seguida al uso de los helicoides: otra forma alabeada de grandes posibilidades».

En la abundante bibliografía de Gaudí hay algunos textos capitales escritos generalmente por colaboradores inmediatos. Uno de estos textos es el estudio del arquitecto Quintana; también son importantes *El Temple de la Sagrada Família* (El Templo de la Sagrada Familia), de Puig Boada; *Disposició estàtica del temple de la Sagrada Família* (Disposición estática del templo de la Sagrada Familia), de Domènec Sugranyes y los escritos y las conferencias del señor Bonet Garí. En el ensayo del señor Sugranyes al que acabamos de referimos, hay elementos que pueden complementarse con el del señor Quintana.

La disposición actual de la Sagrada Familia ha

sido la consecuencia de una serie de azares. Ante todo de la libertad de Gaudí. Si como solicitaba el obispo Morgades hubiesen tenido que presentarse a corto plazo los planos completos de la obra, la libertad de Gaudí se habría visto bloqueada. La muerte del obispo evitó el compromiso. En segundo lugar, el enflaquecimiento y la pobreza de la realización permitieron estudiar a fondo la obra proyectada. La obra de Santa Coloma de Cervelló supuso un ensayo concreto de gran eficacia.

El señor Sugranyes ha escrito: «La evolución de las ideas de Gaudí sobre la Sagrada Familia representa una sucesiva evasión de la técnica de la catedral gótica. Ya los primeros tanteos supusieron modificar la disposición gótica. En el primer estudio completo de la estructura del templo, resuelto hacia el año 1898 —coincidiendo con el encargo de Santa Coloma—, si bien la estructura era gótica, dado que mantenía la verticalidad de las columnas, sin embargo, suprimía los botareles y peraltaba las aristas de las naves centrales y laterales con el fin de disminuir las reacciones horizontales y conseguir sobre todo que la curva de presiones de la nave central viniese a integrarse con las de las naves laterales sin ayuda de los botareles en el arranque de los arcos de estas naves. Unos veinte años después de este estudio completo se hizo una revisión del mismo, que es la actualmente proyectada, que devolvió el templo a la simplicidad basilical, con las diferencias radicales, sin embargo, de que, así como la basílica estaba cubierta con madera, la Sagrada Familia, tanto interior como exteriormente, estará cubierta con piedra.

»En la Sagrada Familia cada columna soporta la parte cubierta que le corresponde, con independencia de las otras, y de manera que el enorme peso de la nave central, así como el de las naves laterales, va directamente a tierra sin necesidad de recorrer el largo y complicado camino a través de arbotantes y contrafuertes, que es la característica del tipo gótico, y por lo tanto estos elementos pueden suprimirse.

»La supresión de botareles y contrafuertes se ha logrado de forma sencilla en la Sagrada Familia dando a la columna la inclinación de la resultante de la composición de los pesos que sobre ella gravitan; es exactamente lo que hace el tronco de un árbol corpulento que se inclina según las masas del follaje que las ramas han de sostener. En todos los estilos arquitectónicos, la columna se ha relacionado con la idea del árbol y se ha comparado una catedral gótica con los bosques, en los que los árboles entrelazan sus ramajes; sin embargo, estas comparaciones tienen solo un valor literario, porque en el gótico, las columnas y bóvedas nada tienen que ver con los árboles. Los árboles tienen una individualidad que subsiste independientemente de los otros que lo circundan, pues en su disposición tiene todos los elementos de equilibrio, sin necesidad de ayudas ni puntales, todo lo contrario de lo que ocurre en los pilares y bóvedas de una catedral gótica».

El árbol auténtico, real e individual aparece por primera vez en arquitectura en la construcción de Gaudí.

En la Sagrada Familia la columna es una individualidad independiente que agrupa los elementos que la componen y los dispone de manera que se equilibren por sí mismos. El árbol, en tanto que columna, tiene una realidad justa. De manera que la disposición adoptada, si bien es nueva en arquitectura, no lo es dentro de la naturaleza, ya que esta —escribe Sugranyes— «existe desde el tercer día de la creación».

«En la disposición gótica —sigue diciendo el arquitecto— el complicado juego de acciones y reacciones que constituye la esencia de la misma tiende a hacer que las fuerzas resultantes pasen por las columnas verticales que soportan las naves centrales y laterales, pero nunca consigue estos resultados, dado que, mientras este es vertical, aquellas están siempre más o menos inclinadas, lo que significa que los centros de percusión no coinciden con el centro de gravedad de las secciones de los pilares y, por tanto, que la distribución de compresiones encima de estas secciones se hace de una manera desigual y en detrimento de la regular fatiga de los materiales; este inconveniente queda a salvo en la disposición de Gaudí, pues la coincidencia de la dirección del eje de la columna con la resultante de la composición de los pesos hace que la compresión se reparta de una manera uniforme y de este modo se obtenga el máximo rendimiento de la materia del pilar y pueda por tanto dar a este la sección estrictamente necesaria para soportar la carga que ha de recibir.

»La comparación de un diagrama de la Sagrada Familia con un diagrama de una catedral gótica nos declara inmediatamente la superioridad de la disposición estática del templo, dado que su diagrama de fuerzas causa una sensación de reposo y tranquilidad que satisface el ánimo; en cambio, al fijar la vista en la sección de la catedral gótica, esta sensación de reposo desaparece, ya que la simplicidad de aquel juego de fuerzas se convierte en una complicación de acciones y reacciones y la naturalidad se vuelve artificio; el juego de las fuerzas es una combinación ingeniosa y rebuscada, pero el ánimo se siente poco satisfecho; es más: da pavor considerar que la permanencia del majestuoso edificio depende tan solo del hecho de que no se rompa un hilo de este complicado tejido de formas que constituyen su organismo, y sobre todo asusta pensar que la mayor parte de este tejido permanece en el exterior sin protección.»

Se ha de leer íntegramente el texto del señor Sugranyes si se quiere tener una idea de la mecánica constructiva de Gaudí. Hemos tratado de dar una idea clara y mínima de la misma. Este texto se encuentra en el *Anuario de la Asociación de Arquitectos de Cataluña* (Barcelona, 1923).[6] Ràfols lo reproduce en su libro. Es un documento decisivo.

Así pues, la entrada de Gaudí en la dirección, quiero decir en la dedicación total, del templo, coincidió con su período de más trabajo y de sus más largos desplazamientos. Este trabajo pudo llevarse eficazmente en todos los frentes gracias tal vez a la colaboración del señor Berenguer en la obra de la Sagrada Familia. Dicho señor, que no era arquitecto, es un caso de comprensión total de las ideas de

6. En castellano en el original.

Gaudí —un caso de adhesión activísima—. Se ha dicho muchas veces que Gaudí fue una de las primeras personas de este país que trabajó con un equipo. Pero lo cierto es que hay muchas clases de equipos. Un equipo no es nada por sí mismo; pero cuando tienen una fuerza permanente de dirección son algo indispensable, importantísimo. El equipo de Gaudí, sus sucesivos equipos, fueron excelentes, porque al frente de los mismos se encontraba Gaudí. No solo tuvo una concepción global de las cosas que llevó a cabo, sino que intervino en los detalles más mínimos. Por ejemplo: el arquitecto entendía prodigiosamente sobre la sonoridad de las campanas.

Dado que todos los testimonios directos acerca de Gaudí son del máximo interés, me permitiré hacer referencia a una carta del señor Vilaplana en la que me habla de una estancia de reposo que el arquitecto hizo en casa de los señores Rocafiguera, en Vic, en 1910. Durante aquella estancia el señor Vilaplana lo acompañó a ver Vic y sus alrededores.

«En el transcurso de aquellos paseos —me dice el señor Vilaplana— hablamos naturalmente de muchísimas cosas e incluso de arte y arqueología. Sobre estas cuestiones me pareció que Gaudí tenía ideas muy singulares. Hablando de la arquitectura gótica me dijo que era una arquitectura coja e imperfecta, porque una forma gótica necesita para aguantarse los soportes de los contrafuertes y de los arbotantes. "La Sagrada Familia —añadió— se aguanta sin muletas, porque yo no estoy para muletas ni andadores de artificio."»

También encuentro esta otra nota, que tiene el

defecto de ser notoriamente oscura: «Un día me dijo —dice el señor Vilaplana— que años atrás se había comprado un libro de un autor francés que trataba de las curiosas y variadas formas curvas y onduladas que toma la madera al secarse —de los alabeos de la madera, en una palabra—. Me pareció que daba mucha importancia a este libro, tanta que supuse que las singularísimas curvas que Gaudí hace dar a sus bóvedas y paredes están hechas pensando en las tumefacciones y ondulaciones de la madera alabeada».

Dada la precariedad de mis medios literarios ante la complejidad del tema, tal vez contribuya a enriquecer la figura del gran arquitecto recordar algunos episodios de su vida.

Yendo a Portugal por carretera, vía Galicia, me he detenido algunas veces en León y Astorga para ver las obras que en estas dos poblaciones se hicieron bajo la dirección de Gaudí. El primer encargo fue el de la construcción del palacio episcopal de Astorga, porque en Astorga, capital del país de *los maragatos*, hay obispo, aun a pesar de ser una población muy pequeña. Ya lo dicen los naturales del país cuando afirman «en Astorga si no hubiera obispo, no habría nada». Todas estas historias se sitúan entre los años 1889 y 1890. Nacido en 1852, Gaudí rondaba los cuarenta años.

La sede de Astorga parece haber sido propicia a tener obispos catalanes. El prelado actual es de este país (1962). Félix Torres Amat, autor del *Diccionario de autores catalanes*, fue obispo de Astorga. En época de Gaudí dirigió la diócesis J. B. Grau Vallespinós que, además de ser catalán, era de Reus, como el propio arquitecto. Sin embargo, no creo que su relación hubiera estado originada por el paisaje natal. No se conocían. Gaudí era el arquitecto del señor Eusebi Güell i Bacigalupi, hijo del señor Güell i Ferrer, el gran proteccionista, uno de los hombres que más trabajó para la industrialización del país. El señor Güell era cuñado del primer marqués de Comillas. Entre otras muchas actividades, los primeros marqueses de Comillas tuvieron mucha importancia en el arte piadoso y diplomático de hacer obispos. Hicieron algunos que fueron muy celebrados. Ante este panorama, ¿quién mejor que Gaudí para hacer el palacio episcopal de Astorga? Para acabar de completarlo, resultó que el obispo era de Reus. Imposible imaginar una composición más perfecta. Esta perfección es la que explica que el arquitecto tenga insólitamente una obra en Astorga y una casa de pisos en León, que fue en realidad como una añadidura del edificio eclesiástico.

Toda esta pequeña información no pertenece al orden de la fantasía. En Astorga entré en una confitería para comprar unas *mantecadas*, que es el dulce más famoso de la región. Aun a pesar de ser un producto típico son excelentes. El confitero de la confitería, hombre más bien poco lacónico, me dijo que su establecimiento es el que la mitra utiliza en caso de compromiso mayor. Se entiende por compromiso mayor el que se produce cuando el convento de monjas que normalmente suministra los dulces no puede dar abasto a las necesidades sociales de la casa. Este hecho, en sí mismo insignificante, ha producido la inevitable consecuencia: el propietario de la confitería es una fuente inagotable para la información local y en concreto para el cotilleo eclesiástico, único que tiene peso y dimensión positiva en la pequeña ciudad. El confitero es una esponja de noticias.

¿Hasta qué punto puede decirse que el palacio episcopal de Astorga, tal como puede verse en la actualidad, es una obra genuina del espíritu de Gaudí? El proyecto de hacer una residencia del prelado y unas oficinas burocráticas apenas tuvo suerte. En primer lugar tuvo que pasar por el informe de la Academia de San Fernando y, como es de todos sabido que no gustó, sufrió las primeras modificaciones. Una vez resueltas estas primeras dificultades, la obra se comenzó y todo fue como una seda hasta el desafortunado día en que, estando las cosas a medio hacer, murió el obispo Grau. Ante sus sucesores, primero el administrador de la curia y después el nuevo obispo, el proyecto de Gaudí cayó en desgracia. Durante muchos años la obra quedó paralizada: exactamente durante veinte años. En Barcelona, Gaudí decía apesadumbrado: «Serán incapaces de acabarlo y todo quedará interrumpido y desvirtuado...». No, no fue exactamente así. Tras muchas y largas probaturas, el palacio se terminó, pero se terminó de mala gana, con un espíritu reticente, por no decir adverso. Es una obra de Gaudí que lleva la marca del arquitecto, pero es una obra empobrecida, esmirriada, precaria —un esqueleto de huesos encabalgados— y en definitiva desvirtuada. Aun así, hay determinadas aristas de esta construcción que, sobre todo iluminadas con una luz favorable, tienen un latido de espiritualidad.

En la vida de Gaudí, esta aventura de Astorga tiene importancia, más que por el propio palacio episcopal por su particular proceso religioso. Parece que puede afirmarse que sus contactos con el obispo Grau lo consolidaron definitivamente en los dogmas de la religión católica, apostólica y romana. El señor Dalmases-Bocabella, del núcleo fundacional de la Sagrada Familia, escribió en *El Propagador de la Devoción a San José*, que fue durante muchos años el órgano oficial de la casa, que en Astorga se abrieron «horizontes más amplios para su alma».

La evolución de la sensibilidad y de la mentalidad religiosa de Gaudí, tal vez ya iniciada, consolidada a través de los contactos con el obispo Grau, quedó tal vez cerrada —la palabra es en este caso indispensable— a consecuencia de la amistad que tuvo, más tarde, en 1904, con el obispo Campins, cuando este señor le encargó algunas obras de restauración de la catedral de la Ciutat de Mallorca.

León es una capital de provincia de categoría, bastante grande, con un clima muy fresco, animación y muchas ganas de vivir. Las imágenes tradicionales, levíticas, de León se han desvanecido. Es una población simpática, abierta, que ha superado, en buena parte, el punto abrumador de la vida de provincia sin tener demasiado desconcierto ni caotismo en su marcha ascendente. Sin embargo, toda la población se encuentra como emplazada bajo los efectos de su inmensa, impresionante, prodigiosa catedral gótica. Su volumen es tan considerable que afecta a la totalidad del urbanismo ciudadano. Después de la catedral —que, dicho sea de paso, presenta unos ventanales que son una maravilla de ensueño—, uno tiene la impresión de que el resto de León es secundario. La catedral lo borra todo y parece como si todo el resto quedase a la planta de sus pies.

Ante semejante situación no debe de ser divertido ejercer de arquitecto en León. En efecto, la ciudad contiene una superabundancia de carquiñolillos arquitectónicos muy delgadillos.

Gaudí recibió el encargo por parte de los señores Fernández-Andrés de hacer una casa muy cerca de la catedral. Así fue construida la llamada Casa de los Botines, como se la conoce allí. No es una de las obras más gaudinianas del arquitecto, pero tiene una personalidad inconfundible. Si la comparamos con la arquitectura coetánea o contemporánea que se ha hecho en León, hay que reconocer que Gaudí se desenvolvió muy bien. La tendencia del arquitecto a construir, siempre que estuvo a su alcance, con piedra dio en seguida a León una personalidad. Es una casa que no se parece a ninguna otra de León, ni del antiguo reino de León ni de Castilla la Vieja. Es una casa firme, de piedra blanquecina (el material no es muy simpático), de una punta de lápiz absolutamente sui géneris. Gaudí nunca es un arquitecto de catálogo (antiguo o moderno), como lo son un número muy importante de arquitectos. Siempre es particularísimo, incluso cuando le encargaron en León una casa de pisos.

Era verano, a últimos de julio; hacía muy buen día, el cielo estaba clarísimo, y mientras contemplaba, desde la terraza de un café, la Casa de los Botines, me parecía encontrarme en un país muy diferente, en un clima muy distinto, mucho más al norte, pero muchísimo más. La casa tiene un aspecto muy nórdico y se hizo pensando en un clima inhóspito con temperaturas muy bajas y nevadas abundantes y persistentes. León es frío y los propietarios de la futura casa tuvieron que insistir para que el arquitecto no olvidase este hecho en su proyecto. El obispo Grau, de Astorga, que le encargó la construcción del palacio episcopal, insistió también en la necesidad de que no se olvidase la calefacción, por el amor de Dios (véase la biografía de Gaudí de J. F. Ràfols). El arquitecto lo tuvo naturalmente en cuenta y proyectó pensando en el invierno. Es al hacer mal tiempo —solo hay que mirar las postales que de la casa se ven— cuando su vistosidad da el máximo rendimiento. Cubierta de nieve remite a alguna construcción que puede verse en Finlandia, pero no de la época en que los rusos construían según los moldes neoclásicos italianos o franceses, sino en construcciones más modernas, sometidas al *pathos* del clima invernal en un país de bosques y aguas lívidas.

—Si viera usted esta casa, en invierno, con mal tiempo, le tiritarían las entretelas... —me dice el camarero del café.

Es la reacción natural: por el solo hecho de ser la única casa de León hecha pensando en el invierno —o una de las pocas—, su singularidad acentúa, de una manera, en cierto modo teatral, la frialdad del clima. Gaudí, con la Casa de los Botines, se convirtió en un arquitecto de invierno —cosa que no le hace ningún daño, en mi opinión.

En la carta del señor Vilaplana, de Vic, a la que me he referido, se encuentran las líneas que vienen a continuación:

«A estas noticias quiero añadir un episodio de su vida de arquitecto que es muy poco conocido —por lo menos yo no he visto que las biografías más corrientes que sobre él circulan hagan referencia alguna—. En la vida de los hombres, todo tiene su importancia, los éxitos y los fracasos. Ahora que el nombre de Gaudí está en plena y gloriosa ascensión, este episodio ha de recordarse, entre otras razones, porque le produjo un contratiempo muy grande.

»En el momento de la Exposición Universal de París, de finales de siglo, tuvo la curiosa idea de presentar un testimonio de lo que consideraba como su obra decisiva: la Sagrada Familia. Con la ayuda pecuniaria de su protector y admirador, el señor Eusebi Güell, hizo construir diversas maquetas muy voluminosas del templo. La confección de estos artefactos, su traslado a París en cajas enormes y demás asuntos inherentes, todo ello costó un buen fajo de miles de pesetas de la época. En París fue preciso alquilar una gran sala, en uno de los palacios de la Exposición, cosa que no fue fácil, ni barata, precisamente. Pero ¿qué no habría hecho el señor Güell por su arquitecto y gran amigo? En el momento al que nos referimos, Gaudí se encontraba en el período de acabamiento de su etapa de juventud, entregado ya totalmente y activamente adherido (cosa que no fue fácil) al dogmatismo católico. Aquel hombre que había cultivado, con una pasión quizá pueril, todas las formas de la vida exterior, que había vestido tan bien, que había comido como un *gourmet*, a quien le gustaba levantar la cabeza cuando pasaba en coche por el Passeig de Gràcia, que había dedicado tantas horas a la conversación y a las relaciones, se iba volviendo cada día más displicente, más marginal y más huraño. El último vínculo que lo unía con su pequeño mundo de antes era el señor Güell...».

En fin, la idea de la Exposición Universal fue un fracaso total. Ni el público que pasó por la sala, ni los técnicos, ni los críticos mostraron el más mínimo interés por el trabajo del arquitecto. Tuvo un gran desengaño y a raíz de ello se pasó una larga temporada afirmando contundentemente y con cara de pocos amigos que los franceses eran unos ignorantes, que no sabían qué es la arquitectura, ni el arte, ni nada. Los franceses iban a ser fatalmente los últimos en interesarse por la obra de Gaudí, como en el país los últimos en interesarse iban a ser Eugeni d'Ors y el novecentismo. Estos, no solo porque el arquitecto del Pantarca fue siempre el Pal·ladi, sino por afrancesamiento hasta la médula de los huesos, es decir, porque el Pal·ladi les gustaba con etiqueta francesa y con el espíritu del XVIII francés, que era lo que hacía titilar a Xènius —exactamente las sobremesas y los salones de París del siglo XVIII—. ¿Cómo podían los franceses estrictos interesarse por la obra de Gaudí? Imbuidos de racionalismo hasta la médula de los huesos, de neoclásico gélido, de simetrismo, con tendencias sensuales estilizadas en el rococó y la *mignardise*, no se podían interesar de ninguna manera. Y, de hecho, ni los católicos franceses importantes que han pasado por Barcelona se interesaron nunca por la Sagrada Familia.

De todos modos, el episodio de la Exposición de París fue un error de fecha: una anticipación de medio siglo. Si la presentación se hubiese hecho en estos momentos, ahora que a los franceses les empieza a gustar (según dicen los papeles, aunque yo lo dudo) la arquitectura funcional de nuestros días, aquellas maquetas habrían tenido, por lo menos por esnobismo, lo que suele llamarse un *succès d'estime*.

En 1905 es propuesto para hacer algunas restauraciones arquitectónico-litúrgicas de la catedral de Palma —restauración que no se terminó del todo—. La propuesta lo puso en contacto con el obispo Campins, en quien halló una sensibilidad religiosa muy activa. El hecho probablemente marca el punto final del proceso religioso, iniciado tal vez con los contactos del obispo Grau de Astorga: la aceptación total, absoluta, activa, de los dogmas de la religión católica. En 1905 recibió de parte de los señores Milà el encargo de construir la casa del Passeig de Gràcia, que se llamará la Pedrera.

A partir de este momento, Gaudí se dedicó completamente a la Sagrada Familia. De este hecho no puede darse una fecha exacta. Hay que situarlo después de 1906. Hasta este momento, Gaudí ha ganado un jornal —ciertamente escaso, pero real— en todo lo que ha hecho como arquitecto, si se exceptúa, tal vez, la Sagrada Familia. En 1906 compra el terreno donde edificará su casa del Parc Güell, paga un censo al señor Güell, propietario del parque, y se instala con su padre, muy anciano, y su sobrina, Rosa Egea. Su padre, el calderero de Riudoms, muere rápidamente. La sobrina se ocupa de las cosas personales de Gaudí, pero esta mujer —que vivió ligeramente tocada por el alcohol— duró muy poco, de manera que en un momento determinado el arquitecto se encontró completamente solo y abandonado, sin ningún tipo de lazo familiar próximo o remoto. Y dado que siempre fue, ante la vida práctica, un indefenso y un desvalido, aquella soledad le pesó mucho. En el momento de morir su padre, Gaudí tenía cincuenta y cuatro años.

La dedicación total, absoluta, de Gaudí a la Sagrada Familia lo colocó dentro de un sistema económico caracterizado por una precariedad abrumadora. La obra vivía de la caridad pública y, aunque a veces se vio favorecida por algún legado de cierta importancia —siempre esporádico y muy intermitente—, su casi permanente característica se mantuvo en aquel estado angustioso situado entre la suspensión y el ir tirando cada vez más con cuentagotas y más precariamente.

Por otra parte, la escasa actividad en la construcción les daba a Gaudí y a sus colaboradores más directos más tiempo para estudiarla, agrandarla y enriquecerla —porque la imaginación plástica del arquitecto no tenía límites— y así, cuanto más raquíticos eran los medios, tanto más enorme, fascinante y rica se iba convirtiendo idealmente la Sagrada Familia. Absolutamente sometido a los designios de la divina Providencia, Gaudí siempre creyó que estas contradicciones eran completamente normales y de un orden superior, de un orden que los medios normales de la razón humana no habrían podido dilucidar y, por lo tanto, que dichas contradicciones eran, en definitiva, favorables para la buena marcha del templo. En general puede afirmarse —en general y haciendo siempre las escasas excepciones de rigor— que la gente rica del país ha tenido un interés muy anémico por la Sagrada Familia. Gaudí le daba la vuelta a este hecho y afirmaba que en este espacio no hay gente rica. Consideraba que los signos externos de riqueza observables en Barcelona y que impresionan a los extranjeros son, más que riqueza sustancial, exhibiciones del ingenio. El arquitecto Cèsar Martinell explica que una vez un holandés que vino a Barcelona a vender cajas de caudales le comentó al arquitecto el gran efecto que le había producido el lujo en el vestir en la calle de las señoras de Barcelona. «Ese lujo —respondió Gaudí— no significa una mayor riqueza. Aquí tenemos un buen clima, luz, sol, que invita a pasear, y las mujeres tienen ocasión de gastar y vestir para el exterior. En cambio, en los países nublados uno se ve obligado a vivir en las casas y a veces al invitar a unos amigos la gente gasta en la comida de un solo día tanto como una señora elegante de aquí en toda la temporada. ¿Dónde está el dinero, aquí o en el extranjero?», le preguntaba. Se trató de compensar la displicencia de la alta burguesía avivando la generosidad de la gente más modesta, por no decir humilde. Esta iniciativa fue muy del gusto de Maragall y de Pijoan. Se llevó a la práctica, pero no fue —ni con mucho— una solución definitiva. Gaudí declaró una vez —estando presente Martinell— que en tiempos de abundancia, cuando se podía dedicar a las obras todo lo necesario, en un año se gastaron cuarenta mil duros. Añadió que con treinta y cinco mil habría suficiente para funcionar holgadamente. Cuando Gaudí hablaba de esta manera, se disponía de diez mil duros al año y el déficit era de... (Martinell no da la cifra.)

Así pues, Gaudí entró en un sistema económico de una precariedad indescriptible. Su trabajo nunca se pagó, hecho que le pareció siempre completamente natural. Puede incluso pensarse que puso dinero de su bolsillo. En un momento determinado no quiso tener absolutamente nada. Dio lo que poseía (por herencia) a Riudoms, su pueblo, y el campo de fútbol de la localidad ocupa un trozo de tierra que había sido propiedad del arquitecto. La casa del Parc Güell la donó a la obra de la Sagrada Familia. De este modo se quedó solo y, además, pobre, pobre de solemnidad, absoluto y definitivo.

Tras la muerte de Rosa, su sobrina, se ocuparon de la casita del Parc Güell unas hermanas carmelitas que se presentaban una vez a la semana para limpiar y ordenar. ¡Una vez a la semana! Parece ser que alguna de aquellas buenas mujeres sigue con vida —¡y que Dios se la conserve!—. Gaudí fue un hombre muy limpio, limpísimo; pero, claro, el aire de abandono y negligencia que tomó su vida fatalmente se proyectó sobre su persona, y de este modo no solo fue un pobre auténtico, sino que adoptó ese aspecto, se supo ostensiblemente que lo era. En un momento determinado consideró que no valía la pena perder un solo momento pensando en el pelo de la cabeza y de la cara, y de este modo lo dejaba crecer con total indiferencia. Pero a pesar de ello llegaba un día, después de mucho tiempo, que consideraba que debía cortárselo un poco. Tras la operación, Gaudí aparecía transformado, era otro hombre. Sin embargo, era muy difícil presenciar este fenómeno insólito.

Gaudí, que de joven fue un hombre rubio, con un fondo de color arcilloso, se volvió con los años de una blancura de piel muy intensa, después de haber pasado por un rojo que fue haciéndose gris. Maragall habla de su barba rojiza. Hasta la madurez avanzada fue un hombre corpulento, por no decir grueso, y después adelgazó mucho y pareció hacerse, dentro de su estructura regular, más pequeño. En esta transformación no desempeñó ningún papel su cambio de vestuario. En sus años de corpulencia puede decirse que fue un hombre vestido con cierta elaboración; después, a medida que iba volviéndose pobre, iba vestido también de pobre. La reducción física fue más del cuerpo que del efecto que podía producir la ropa que llevaba —los pantalones un poco caídos— con gran displicencia. Por lo que respecta a todos estos elementos externos de la figura de Gaudí es preciso advertir, porque así son los hechos, que en su adopción nunca intervino ningún elemento de deliberación o de voluntariedad destinada, por una u otra razón, a impresionar, sino que la causa de ello fue la obsesión de su espíritu y el gusto anticonvencional por la simplicidad y la modestia que el arquitecto llevó hasta sus últimos extremos.

En su cara, de facciones normales dentro de la norma campesina (romana) del Campo de Tarragona, eran los ojos lo que desde el primer momento más impresionaba. Los tenía azules. ¡Los ojos de Gaudí! Sus ojos azules estaban casi desprovistos de movilidad nerviosa, pero la calma con que se mantenían era de una intensidad muy singular; no era una calma de tendencia extasiada y blanca, sino una calma llena de fuerza, de pasión y de vida. Todas las personas que trataron a Gaudí recuerdan sus ojos como el elemento impresionante, fascinante de su imagen. Parecía que con los ojos se llevaba las cosas y a la gente; los ojos le conferían una presencia constante. Dicha presencia excluía cualquier posibilidad física de humana bufonería, que es la característica más genérica del ser humano y que en uno u otro aspecto o momento todos presentamos. No era una seriedad que, mantenida con envaramiento y sin desfallecer, acaba por hacer reír. Era más bien un candor insondable fusionado con una tenacidad muy visible —una humanidad muy viril sin ningún subrayado externo, pero tierna, cautivadora, que flotaba en una vida interior amplísima, llena de elementos sensibles y de una inteligencia formulada, clarísima—. La presencia de sus ojos era tan decisiva que, aunque hubiese hecho un esfuerzo más acusado para despreciar su propia persona, solo habría conseguido aumentarla, imponerla. La voz lo acompañaba: absolutamente átona y cortés en lo cotidiano de la vida, a veces se manifestaba con una contundencia cortante y clara.

Hace un momento decíamos que, dedicado ya por completo a la Sagrada Familia, su trabajo nunca fue objeto de la más mínima consideración remunerativa. Pero tal vez no sea exacto del todo. De la precaria economía de la obra, el arquitecto no obtuvo más que una subsistencia miserable. Mientras persistió la casa del Parc Güell en vida de la sobrina Rosa, su subsistencia corrió a cargo de él. Pero para evitar tantas idas y venidas de la casa al obrador, le convino comer cerca de su trabajo, y de este modo Gaudí pasó a ser un huésped intermitente de la portera del templo, intermitencia que se convirtió en norma tras la muerte de la sobrina. Acabó también durmiendo en un rincón del obrador, porque a medida que iba haciéndose viejo consideró necesario, en días de mal tiempo primero y después cada día, quedarse. Estas sucesivas adaptaciones a las necesidades que se iban presentando no las rigió en realidad ninguna deliberación anticipada que pretendiese conseguir algún efecto determinado. Las creó la propia vida. De hecho el sostenimiento de Gaudí pasó a ser un capítulo invisible, microscópico, del presupuesto general de la obra en construcción.

Este sostenimiento se mantuvo en los límites de la más absoluta exigüidad, entre otras razones porque practicó las doctrinas alimentarias e higiénicas del sacerdote alemán Kneipp. Dormía con la ventana abierta. Caminaba mucho. Era vegetariano. Un día, el arquitecto Bonet Garí se lo encontró comiendo lechuga mojada en leche. ¡Extraña combinación! Ni que decir tiene que cualquier forma de alcohol o de tabaco estuvo totalmente excluida. Habiendo sido —sospecho— un hipotenso, resistió muy bien el frío de los inviernos de Barcelona, que es terrible para quienes no tienen ninguna defensa. Gaudí nunca tuvo ninguna. Se vendaba las piernas para mantener un poco de calor en los pies. Fue en definitiva un hombre fuerte como un roble que llegó sin grandes dificultades casi a los setenta y cuatro años. Su vitalidad física le permitió trabajar, literalmente, como un gigante. Cuando uno piensa que, aparte de los otros importantísimos encargos que realizó, creó la estructura de la Sagrada Familia sin seguir las fórmulas de la arquitectura tradicional y evadiéndose en concreto de las fórmulas de la catedral gótica —creando, en una palabra, la catedral sin bóvedas y vistiendo esta estructura con todo el esplendor de un simbolismo litúrgico, enormemente rico y complicado, preocupándose hasta de los detalles más pequeños—, la obra de Gaudí da una impresión única, impresionante, sensacional. Puesto que cada persona es un mundo, es seguro que a Gaudí el ascetismo le sentó bien. En ningún caso fue un estorbo en su obra —al contrario—. Es factible imaginar que su concepción del mundo no fue en ningún momento incompatible con formas de la miseria muy acusada.

Cuando se habla de la dedicación total de Gaudí a la Sagrada Familia la palabra ha de tomarse en sentido literal. No solo fue su autor, sino que llegó al extremo de recaudar dinero para la obra. «Una vez —escribe el arquitecto Martinell—, pidiendo un donativo, dijo a la persona a quien se lo pedía: "¡Haga usted ese sacrificio!". Y al contestar el interpelado: "Con mucho gusto, no es ningún sacrificio...", Gaudí insistió para que aumentase el donativo hasta sacrificarse, dado que la caridad que no tiene el sacrificio como base no es verdadera caridad y sí muchas veces simple vanidad.»

Esta dedicación a su obra llevó a Gaudí a desvincularse de cualquier relación social. Se concentró exclusivamente en el trabajo. Su compañero de idas y venidas entre su casa del Parc Güell y la Sagrada Familia fue un modelista del templo, Matamala, que vivía en su vecindad. La muerte de Matamala probablemente contribuyó a facilitar el abandono de su casa del Parc. «En su edad madura —escribe el arquitecto Ràfols—, si descontamos algunos momentos de peña en el Ateneu, no hay que creerle concurriendo a reuniones; como amistades muy íntimas no debió de tener más que la que mantuvo toda la vida con el doctor Pere Santaló, su compañero de siempre, cuando salía los domingos a pasear, llegando a menudo hasta el mar, que en Barcelona es difícil ver.» Parece que le habría gustado mucho más ver la marina de Tarragona que la de la escollera de Barcelona, pero no tenía otra. Decía que el mar hermana a los pueblos y que las montañas los separan. En este sentido consideraba que nuestro país está mucho más unido por naturaleza a Italia que a Francia.

Casi cada día, cuando se hacía de noche, iba generalmente a pie del obrador de la Sagrada Familia a la iglesia de Sant Sever, en el corazón de la Barcelona vieja, que era la que frecuentaba. De regreso a casa —a la del Parc o al dormitorio que entre los útiles de trabajo tenía en el obrador—, tomaba a veces el tranvía. Este largo paseo a Sant Sever y el dominical hasta la escollera con el doctor Santaló tal vez fueron las únicas distracciones de su vida madura. Huelga decir que nadie lo vio nunca en ningún espectáculo.

No sé si puede decirse que Gaudí fue un hombre optimista. Era demasiado inteligente para mantenerse en posiciones ufanas, obvias y embobadas. No era un disperso; era un obseso. Por otra parte, era un cristiano absoluto, total y, por lo tanto, era de un conformismo provindencialista, explícito y claro. Si nos limitamos ahora a la vida material, las ideas de Gaudí fueron admirablemente positivas. Con un cierto atrevimiento, dichas ideas podrían sintetizarse en tres eslóganes (aceptemos la palabra) muy comprensivos. Cuando quería dar a entender que era un hombre arraigado en una tierra, decía: «Los catalanes son todos uno». Cuando quería manifestar la fe que tenía en su país formulaba este axioma: «El momento álgido de un pueblo es el momento del templo». Cuando hablaba de arte sostenía que la esencia y la realidad del mismo han surgido del Mediterráneo. Decía: «Que nadie vaya al norte en busca de arte y belleza; esta se encuentra en el Mediterráneo, de cuyas orillas —Egipto, Asiria, Grecia, Roma, España, norte de África— han salido todas las obras de arte». Como una ampliación de este concepto decía al arquitecto Martinell: «En el norte y en los trópicos no reciben la luz a 45 grados, que es como mejor ilumina los objetos para una visión perfecta; al haber escasez de luz o caer esta de forma demasiado cenital, los objetos, con iluminación inadecuada, aparecen deformados; más que el objeto, ven el fantasma del objeto; la cabeza se les llena de fantasmas, y en ellos predomina la fantasía. En el norte la literatura es fantástica y la arquitectura gótica también, así como las obras de arte y los poemas de la India. Los del Mediterráneo no tenemos los ojos acostumbrados a fantasmas, sino a imágenes; somos más imaginativos que fantasiosos y por tanto más aptos para las artes plásticas».

En la primavera de 1910 Gaudí vivió durante tres semanas en Vic. Por aquel entonces el arquitecto se encontraba en una de las etapas más intensas, de trabajo más arduo, de fervor más nervioso, del proceso de construcción de la Sagrada Familia. Ya tenía una gran fama. Su obra avanzaba en medio de una gran polémica. En muchos sectores de la vida intelectual de Barcelona, esta obra era objeto de una crítica permanente. Pero sería un error creer que todo el mundo se manifestaba de una forma adversa. En general los libertinos, los llamados «espíritus fuertes», la mayoría de los artistas, casi todos ellos enamorados de la vida de París, estaban en contra de Gaudí.

Ya daremos el nombre de las personas —de las más importantes— que lo tuvieron en gran consideración desde el primer instante. En la lista no se encuentra ninguna lengua viperina.

El señor Vilaplana i Pujolar, farmacéutico de Vic y miembro de la Junta de Museos de la misma ciudad, me envía una referencia sobre la estancia de Gaudí en esa ciudad en el año citado. Las personas que trataron personalmente a Gaudí son cada día más escasas. El tiempo pasa y la gente envejece, sin dejar el más leve rastro manejable. Por esta razón, cuando aparece un testimonio directo, es indispensable recogerlo, para que por lo menos contribuya a la biografía que algún día se hará de Gaudí.

En el invierno de 1910 el señor Gaudí se puso enfermo. El cuerpo no podía sostenerlo, la cabeza se le iba. Un gran amigo del arquitecto, el padre Ignasi Casanovas, de la Compañía de Jesús, conocedor de la noticia, hombre de acción, decidió ponerse en movimiento. Lo llevó al despacho de un médico especialista, quien ordenó al enfermo que pasara una temporada fuera de Barcelona, se recogiera en un lugar tranquilo, hiciese un régimen alimenticio más sustancioso y se abstuviera de cualquier tipo de trabajo intelectual. Si todo esto se lo hubiese recomendado un médico, por más eminente que hubiese sido, Gaudí no habría hecho ningún caso, porque nunca estuvo ni para médicos ni para nada relacionado con la economía de su persona. Pero, dado que en medio se encontraba el padre Casanovas, obedeció.

—El señor Gaudí ha de cuidarse, está muy flaco, está un poco desnutrido... —decía el reverendo padre jesuita.

La quema de conventos del año 1909 había enfervorizado algunas conciencias, había dado a entender a algunas personas que las cosas no iban demasiado bien. En estos momentos es cuando se sitúa la proyección de la influencia del padre Casanovas sobre el sector más inteligentemente conservador de la clase dirigente. En definitiva, Gaudí formaba parte de ella.

El padre Casanovas tenía una gran amistad con la familia Rocafiguera de Vic, y consideró que lo mejor para Gaudí sería que se desplazase a aquella ciudad, que estimó ideal para que el arquitecto reposara y engordara unos cuantos quilos, sobre todo teniendo en cuenta que la señora Concepció Vila, viuda del señor Josep Rocafiguera, había ofrecido una hospitalidad magnífica al brindar su propia casa durante todo el tiempo que conviniese para la mejora del señor Gaudí. Para precisar bien las cosas el padre Casanovas y la señora Concepció intercambiaron unas atentas cartas llenas de cumplidos y exhalaciones de generosidad, indicadoras de la excelente acogida que la propuesta del padre Casanovas había recibido por parte de la familia Rocafiguera. En todo este pequeño tejemaneje el señor Gaudí había desempeñado un papel absolutamente pasivo.

—El pobre señor Gaudí ha de cuidarse, está un poco flaco... —iba diciendo el reverendo padre jesuita.

Un día llegaron a Vic el padre Casanovas y el arquitecto. La estancia del primero no fue larga: el tiempo de hacer las presentaciones y de dejarlo instalado en la casa Rocafiguera. Gaudí fue un hombre huraño, cerrado, obsesionado, marginal a cualquier posible vida social. Tanto la señora viuda de Rocafiguera como sus hijos lo trataron con familiaridad e hicieron todo lo imaginable para conseguir que su estancia fuera agradable y distraída. «La cuestión es que se distraiga», había dicho el padre Casanovas al despedirse de la hospitalaria familia.

—Dos días después de haber llegado el arquitecto —sigue diciendo el señor Vilaplana— vino a verme la señora Concepció, pariente mía, y me dijo:

»—Quimet, no sabemos qué hacer con este buen hombre. Habla muy poco, parece muy triste y, a pesar de que hacemos todo lo posible para complacerle, me parece que se aburre. Por otra parte, mantenerlo no cuesta apenas nada: no tiene apetito, no come nada, no sabemos qué podría apetecerle... Yo pensaba que podrías ayudarnos a salir del compromiso. ¿Qué dirá el padre Casanovas si el señor Gaudí no mejora un poco? Tal vez tú eres el más indicado para sacarlo un poco de paseo, para acompañarlo a ver Vic y sus alrededores. Quizá caminar le distraería, tendría más apetito y la anemia se le iría pasando.

»—¡Encantado! —le dije a mi parienta—. Hoy mismo vendré y daremos un paseo.

»Aquella tarde fui a la casa Rocafiguera, me presentaron a Gaudí y salimos a la calle. Caminaba muy despacio, estaba muy alicaído y tenía un color de cara enfermizo y roto.

»En el transcurso de aquella y otras salidas visitamos la catedral, el museo y lo más notable de la ciudad. También nos acercamos hasta las afueras, lo llevé a ver las iglesias románicas de Sant Sixt y de

Sant Fructuós, que están muy cerca de Vic, e incluso visitamos alguna casa de campo de los alrededores, aquellas que por una razón u otra me pareció que podían merecer la atención de una visita.

»Hablamos de muchas cosas. Una de sus obsesiones —y digo obsesiones por la cantidad de veces que lo repitió— consistió en afirmar que el verdadero arte se había producido en los alrededores del Mediterráneo y no en otro lugar. Me permití tímidamente objetar que también se había hecho algo en otros lugares y que, limitándonos a Europa, no se podía prescindir de las magníficas catedrales del Occidente europeo, de la arquitectura urbana medieval de Flandes, Holanda y Alemania, de los magníficos palacios de la nobleza francesa e inglesa... Alterado e irritado me contestó que lo que yo decía no tenía nada que ver con el arte verdadero, que todo aquello se había extraído de matrices más antiguas y más auténticas, cuyo origen se situaba en el Mediterráneo. Le contesté que, en cualquier caso, artistas como Rembrandt, Van Eyck y Van Dick, entre tantos y tantos otros, habían sido grandes artistas y que la Europa del norte había dado vidrieros, ebanistas, tapiceros y alfareros de primer orden. Cuando oyó estas afirmaciones se crispó de una manera muy acentuada.

»—Se está usted refiriendo —me dijo— a artistas de comedor burgués, a decoradores de tercera categoría, que no tienen comparación posible con los artistas que han trabajado en los países mediterráneos.

»—Pronto me di cuenta de que mis afirmaciones, a pesar de formularlas de la forma más amable que podía, lo irritaban de mala manera y sobre todo de una forma enfermiza y agria. En vista de ello —exactamente para prevenir un ataque—, decidí no volver a hablar de estas cosas y eliminar de la conversación todo aquello que, a mi modesto entender, pudiera molestarle. Discutir con Gaudí no era agradable, y no precisamente porque fuera alguien que aturdiese con una gran profusión de argumentos. No era agradable porque discutía como a martillazos.

»En el transcurso de nuestras conversaciones muy pocas veces hablamos de la Sagrada Familia y en general de sus obras arquitectónicas. Si bien Gaudí, sobre todo al discutir, era orgulloso y perentorio, aquella discreción ante su obra me demostró que era un hombre sin vanidad.

»Una vez le pregunté si había viajado un poco. Me respondió que no había viajado nada, que sus escasísimos desplazamientos habían sido muy cortos y que nunca había sentido el deseo de viajar. Añadió que muy de vez en cuando miraba alguna fotografía de algo de arte y que prácticamente —según él— esto era todo lo que había visto al respecto. A veces daba la impresión de ser un esnob de la humildad, de la escasez y de la precariedad. Hay gente que dice que lo sabe todo y no sabe nada; que afirma haberlo visto todo y no ha visto nada. Gaudí operaba de la manera contraria, pero en este punto nunca creí que dijera la verdad.

»Un día que pasábamos por la carretera de Vilatorta, descubrió en el dintel de la ventana baja de un molino una ingenua representación de un calvario esculpido, posiblemente hecha por algún tosco artesano, muy poco hábil en el conocimiento del dibujo. Esta fue la razón, según dijo, por la que la obra le hizo gracia.

»—¡Qué lástima que mi amigo Pujol no pueda ver este calvario! —dijo con un semblante triste—. ¡Le habría gustado tanto!

»Creo que el señor Gaudí —dice para sintetizar el farmacéutico Vilaplana— fue un hombre bueno, incapaz de hacer daño a nadie, testarudo como él solo, un cristiano sencillo y de una sobriedad impresionante.

Accidentado por un tranvía —sin que nadie se diera cuenta de que la víctima era Gaudí— murió en el hospital, como un pobre, que es exactamente lo que le correspondía. En cualquier caso, su voluntad siempre fue esta.

Gaudí es uno de los catalanes de vuelo más amplio que han existido en nuestra historia. Sobre su figura y su obra se está acumulando, procedente de todo el mundo, un interés, una curiosidad y una cantidad tan enorme de bibliografía, que su caso tiende a ser una repetición del de Ramon Llull. Ahora bien: cuanto más se ensancha la dimensión universal de Gaudí, con más claridad va apareciendo su arraigo a la tierra catalana, más explícitamente se manifiesta el hombre de este país.

Visto Gaudí desde el punto de vista de nuestra acostumbrada mediocridad, parece un arrebatado llevado por una idea de grandeza, un loco sin precauciones, pero este loco y este arrebatado resultan paralelamente un calculador, un matemático agudísimo, un constructor de la pura racionalidad. Es el mismo caso de Ramon Llull en otro terreno. No es el arrebatado de la nada, el loco de la inanidad, como tantas veces ha parecido ser la condición típica del país: es el hombre que, evadiéndose de las fórmulas (empíricas) de la catedral gótica, calcula racional, micrográficamente, un inmenso armatoste. Este hecho, sensacional, único, coloca al hombre al nivel de su idea de grandeza. Y, como Llull, proyecta sobre una sublime obsesión una dedicación total, vierte en ella las últimas gotas de la propia miseria humana —en un país de gente titilante, embobada ante el dinero.

Pero, además de un gran constructor, Gaudí fue un gran artista, un inquieto de la belleza plástica, un permanente meditabundo, ultrasensible a las formas y colores de la vida. Así, viste sus construcciones esenciales con la simbología de la liturgia católica —un mundo prodigioso, inmenso—, pero lo hace siguiendo su propio arraigo a la tierra, convirtiendo las abstracciones simbólicas en símbolos realizados, es decir, reales, realistas, por no decir naturalistas.

ARÍSTIDES MAILLOL, ESCULTOR

La tierra del artista

Arístides (Bonaventura, Joan) Maillol nació en Banyuls el 8 de diciembre de 1861.

Cuando nació Maillol, Banyuls se llamaba Banyuls sur Mer. Dicho nombre, indescriptiblemente banal, es muy moderno. Según la gente del lugar data de la época del Primer Imperio, cuando la resonancia que tuvo la defensa que los campesinos y pescadores de Banyuls realizaron del collado del mismo nombre ante la embestida que en virtud del Pacto de Familia acometieron las tropas de Carlos IV mandadas por el general Ricardos, sobre el Rosellón, justificó el afrancesamiento de su nombre. En la antiquísima tradición catalana, Banyuls se llamó siempre Banyuls de la Marenda —variante local de marina.

Al llegar al pie de las Alberas, el golfo de León se modifica radicalmente. La zona de playa monótona e inacabable de su litoral se convierte en una costa rocosa, rota y áspera, inhóspita, a la que las pizarras pirenaicas confieren un color negro vagamente rojizo. (Fue este color vagamente rojizo el que hizo que el Touring Club de Francia propusiera que esta costa se llamase la Côte Vermeille, nombre que ha tenido un éxito relativo.) Pues bien: esta costa, que no es más que la continuación de nuestra Costa Brava, forma el cuerno más occidental del golfo de León, cuya punta extrema es la isla de Massa d'Oros, sobre el Cap de Creus. Pero lo curioso es que toda esta zona costera de las Alberas dibuja un enorme golfo, en cuyo fondo se encuentra el puerto de Llançà y en sus extremos entrecruzan sus fuegos los faros del Cap de Creus y del Cap de Biarra, en la entrada de Portvendres. Esta zona es única y simplemente el golfo de la Selva. La totalidad de este litoral está colocada en la sombra venerable de Sant Pere de Roda, que parece abrazarlo desde la playa del Racó hasta el Cap de Creus. Fueron seguramente los benedictinos de Sant Pere quienes crearon una manera segura de vivir en esta tierra implantando el cultivo de la vid y del olivo en esta región que, a pesar de estar dispuesta sobre el mar, es típicamente pirenaica.

Esta parte del golfo de la Selva forma una pequeña comarca de una unidad geológica y geográfica perfecta, aunque dividida en dos por la frontera política del Tratado de los Pirineos. En su recinto se encuentran las siguientes poblaciones: el Port de la Selva, la Selva de Dalt, el Port de la Vall, el Port de Llançà y Llançà, Colera, Portbou, Cervera, Banyuls, Portvendres y Cotlliure. A pesar de la existencia de una frontera política, los habitantes de esta comarca natural mantuvieron siempre vínculos de todo tipo, aparte de los familiares, que son y siempre fueron numerosísimos. Una unión multisecular no podía romperse radicalmente por el hecho de establecer unas marcas meramente políticas y colocar en uno y otro lado pequeñas guarniciones de carabineros. Las relaciones entre los habitantes de estos pueblos nunca se interrumpieron —ni en los momentos en que las relaciones de los Estados sufrieron las sucesivas crisis que la historia nos explica, durante las cuales la raya de la frontera se hizo más rígida y tangible—. Antes de la motorización de las barcas de pesca, la gente de esta tierra pescaba según el procedimiento del bou y con barcas de sardinales, a la vela. En Banyuls, como en el Port de Llançà, había habido incomparables, magníficos patronos de bou acostumbrados a manejar irrisorias embarcaciones frente a imponentes mistrales y turbiones del norte. El hecho de pescar al azar de los vientos hacía que aquellos hombres, llegado el momento, tuviesen que refugiarse en el lugar del golfo que les parecía más adecuado. En el momento de hacerlo, habría sido absurdo que esta decisión se hubiese visto dificultada por la falta de pasaporte o de los documentos *frontaliers*. No. Existía una libertad total. Los habitantes del golfo pasaban de una población a otra con la naturalidad que da el hecho de formar parte de una misma región, de una misma tierra. Los vivísimos vínculos establecidos, antiquísimos, hacían que los días de fiesta mayor, sobre todo, fueran días de confraternización para los habitantes de los pueblos del golfo de la Selva.

El Tratado de los Pirineos dividió dos comarcas catalanas naturales: La Cerdaña y el golfo de la Selva. Esto explica por qué son estas dos regiones las que han mantenido entre Cataluña y el Rosellón una concentración más viva de relaciones humanas, de vínculos de memorias y recuerdos más concretos. En el libro de madame Judith Cladel, *Maillol. Sa vie. Son oeuvre. Ses idées* (Bernard Grasset, París, 1937), puede leerse este curioso fragmento: «*Maillol est catalan avant tout; il l'est jusqu'aux moëlles. Ce n'est pas seulement à ce Roussillon réuni à la France depuis trois cents ans à peine qu'il appartient de coeur, mais à la Catalogne entière, à cheval sur les Pyrénées et que l'Espagne et la France n'achevèrent de couper en deux et de dompter qu'après des siècles de guerres et d'opressions*».[1] Estas líneas de madame Cladel, reflejo exacto del pensamiento de Maillol, muchas personas las han encontrado difíciles de comprender. El matiz de diferenciación que se establece entre la tierra de Maillol y el Rosellón, matiz de una finura exquisita, agudísima, solo se muestra inteligible cuando se parte del hecho de que Maillol fue ante todo un hombre del golfo de la Selva. Si se tiene presente este hecho, el pensamiento de Maillol, el tipo de humanidad del gran artista, aparece clarísimo. Como rosellonés, Maillol es catalán; como hombre del golfo de la Selva, sus vínculos con nues-

1. «Maillol es ante todo catalán; lo es hasta la médula. No solo pertenece de corazón a ese Rosellón anexionado a Francia apenas hace trescientos años, sino a Cataluña entera, a caballo sobre los Pirineos y que España y Francia solo consiguieron cortar en dos y domar después de muchos siglos de guerras y opresiones.»

tro país no son únicamente históricos, sino explícitos y concretos.

La parte de levante del golfo de la Selva, del Cap de Creus al Port de la Selva, es pura mineralogía. Del lado de poniente, las rieras[2] que bajan de las Alberas forman unas playas con arenas de pizarra, con mucha más vida. Sin embargo, en este litoral hay un espacio notoriamente pobre: el comprendido entre Colera y Banyuls. Es una tierra pelada, destemplada, pedregosa y paupérrima. Si Portbou y Cervera no fuesen dos centros administrativos y ferroviarios de frontera, ni siquiera estarían habitados; serían dos caletas sin vida. Entre Cervera y Banyuls la carretera del litoral dibuja ciento cuarenta y cinco curvas, que ponen a prueba la resistencia del estómago del automovilista. Después de Banyuls, la zona se endulza un poco: aparece la maravilla de Portvendres y las piedras nobles, tan cargadas de historia, de Cotlliure, de un carácter y de un color inolvidables, y unas anchoas gustosísimas.

Sobre los perfiles rocosos y generalmente pelados de esta zona, la tierra es muy fina: rocalla, piedrecilla cuando lo permite el franco roquedal. Sería una tierra que no tendría económicamente ningún valor si la tenacidad y el ingenio de sus habitantes no la hubiesen convertido en una tierra de viñas. Las cepas de estas hormazas dan un vino de mucha graduación —la graduación natural de las viñas del golfo de la

2. *Riera:* curso de agua, de lecho seco buena parte del año por falta de lluvias, de extensión comarcal y de caudal inferior al de un río.

Selva— y modernamente un vino de calidad —el de Banyuls— que en Francia es conocidísimo.

El apellido Mallol solo es comprensible en una tierra de viñas. Un *mallol* es una cepa virgen, una cepa antes de ser injertada, el retoño selvático de la cepa. La familia Mallol añadió una *i* al antiguo nombre para permitir pronunciar el sonido líquido de nuestra elle. Si no hubiesen puesto la *i*, los franceses hubiesen pronunciado Malol por imposibilidad de pronunciar la elle. Por esta razón escriben Caillis, Caseilles.

La meteorología del golfo de la Selva es inhóspita. Los temporales de levante son de una impresionante espectacularidad. Las riadas de tramontana y de mistral son en esta zona de una violencia superior a las del bóreas en cualquier otro punto del Mediterráneo. Es una irrupción bestial, frenética, bajo la pureza metálica, fría, glacial, de los cielos; por la noche, bajo la fulguración radiante, fascinante, inmediata, de las estrellas. Solo con vientos del sur, con el ábrego, con estos vientos de España, que en el Rosellón tienen tan mala fama, el mar es allí clemente. Las viñas quieren poca agua y soportan el viento. El enemigo de las viñas de este golfo son las granizadas de verano —las granizadas de las ventiscas pirinaicas—. A pesar de estar dispuesta sobre el propio mar, el mar antiguo, ante su azul más fuerte y puro, la zona es estrictamente pirinaica. Es una zona seca, sedienta, pobre, crepitante, toda nervio. Se encuentra un poco alejada de la tibieza de la dulce Francia.

La dimensión vital del territorio sigue una faja de litoral muy estrecha —por la tendencia que allí tienen las montañas a elevarse, a ras de agua, desmesuradamente, como si quisieran huir del lugar—. La incisión de las rieras raya la orografía de la zona tierra adentro, crea hondonadas recónditas y solitarias, rincones cálidos, cuestas adormecidas con el zumbido de las abejas, perfumadas por la botánica meridional más intensamente perfumada. Diseminadas por el interior de la zona hay masías escondidas, un poco misteriosas, habitadas por gente esquiva, solitaria y huraña.

El paisaje de las viñas es un poco tenue —un paisaje que crea como una transparencia sobre la tierra—. Es el mismo que el del Port de la Selva, que nuestros poetas han cantado. La tierra poco gruesa. Cada vid tiene su refugio —a veces un simple agujero abierto en la hormaza—. En primavera, sobre este paisaje se posa como una pelusilla verde irreal; en otoño una pincelada aherrumbrada, dorada, muy tenue. Es un paisaje organizado, estructurado, construido, que aprovecha la más pequeña mota de tierra —un paisaje que suscita la avaricia—. La proyección de esta obra humana ha de ser fatalmente fría. Sobre el perfil de las montañas que cierran, en poniente, las tierras de vid, se elevan las torres cilíndricas de señales, esbeltas.

Para comprender bien las cosas se han de empequeñecer un poco, situarlas en su marco exacto. En el sistema de las poblaciones del golfo de la Selva, Banyuls fue la más unida, tradicionalmente, al Ampurdán. En el suroeste de Banyuls está el collado que lleva el mismo nombre de la población, que de todos los de la cordillera pirinaica es el más bajo. Sin embargo, en la época moderna el collado no ha tenido ningún futuro. La carretera que se ha proyectado para cruzarlo no se ha acabado, ni en la parte de Francia ni en la de España. Todo el tránsito se ha desplazado hacia el litoral inmediato del mar —el ferrocarril y la carretera de Portbou o en poniente, hacia el collado del Portús—. De este modo, el collado de Banyuls hoy solo puede hacerse a través de caminos malos y en realidad se encuentra como en la época de los primeros tiempos históricos —cuando (tal vez) lo cruzó Aníbal.

De todos modos, el desplazamiento de la vida de la zona hacia el litoral es muy reciente. El ferrocarril llegó a Perpiñán en 1870. A Banyuls, más tarde; a Cervera, aún más tarde. El padre de Maillol vio llegar el tren a su pueblo cuando el pequeño Arístides era un jovencito. (Le había puesto Arístides por admiración a las virtudes de los antiguos, de la misma manera que más tarde la familia Py puso por las mismas razones Diógenes a su hijo. Las virtudes de los antiguos también repercutieron en el Ampurdán, y de este modo yo he conocido a un Hermógenes en el Port de la Selva, a un Ulises en Cadaqués, a un Arquímedes en La Escala, a un Diógenes en Palamós, etcétera. El hecho de que Maillol se llamase Arístides parece insignificante desde el punto de vista de su escultura, pero no lo es en absoluto. En realidad el nombre implica una educación familiar que lo hizo absolutamente insensible a cualquier forma de escultura religiosa. Esta educación familiar lo acercó a los antiguos y, a pesar de su forzosa vaguedad —o quizá por la propia vaguedad—, los antiguos fueron para el artista el mito de su vida.)

Antes de la llegada del ferrocarril, el padre de Maillol iba al mercado de Figueres. El viaje lo hacía por el collado de Banyuls con el mulo de carga. Allí compraba un cerdo para engordar. Los controles de la frontera eran inimaginables. El sistema económico de la gente del golfo de la Selva era el que hoy impera en Andorra. Especulaban con las diferencias de precios creadas por la frontera política. Compraban en Figueres cuando la mercadería era allí más barata que en Perpiñán, y viceversa. Era correcto y naturalísimo. Todos los hechos que exponemos no tienen ninguna trascendencia espiritual; sin embargo, indican unos lazos sociales de un peso evidente. Antes de la llegada del ferrocarril, Figueres se encontraba para la familia Maillol más cerca de Banyuls que Perpiñán. Con el ferrocarril parece que la proximidad debería de haberse acentuado; pero sucedió lo contrario. El ferrocarril tenía que facilitar el intercambio; más bien lo interrumpió. Una cosa era ir a Figueres con una libertad omnímoda y otra pasar la frontera con el ferrocarril —forzosamente más controlado—.[3] El catalán, sin libertad, se amodorra. De este modo, la llegada del ferrocarril llevó a la gente de Banyuls a girarse hacia Perpiñán, a entrar

3. *Controlado:* Pla usa el participio *acollatat,* que en el dialecto de Maillol significa «sujetado por el cuello» y en el de Pla «en compañía de otra gente». Además de los sentidos «cuello» *(coll)* y «grupo» *(colla),* en el término que usa Pla resuena también «collado» *(coll).*

en la corriente circulatoria francesa. Fue en realidad el primer vínculo fuerte que tuvieron con Francia, claro está después de las ventajas que les reportó el Tratado de los Pirineos, sobre todo en el punto concreto de la anexión a las tierras de la aristocracia española fugitiva o expulsada del país.

Con la llegada del ferrocarril los contrabandistas actuaron con total libertad en el collado de Banyuls. Fue uno de los pasos más frecuentados de todos los Pirineos, no solo porque el paso es transitable durante todo el año, sino por una razón que diremos inmediatamente. Después del Tratado de los Pirineos, ni Cervera —que entonces debía de ser una caleta solitaria— ni Banyuls, que era un pequeño pueblo campesino con poquísimas casas delante del mar, fueron fortificados. Las fortificaciones del Rosellón sobre las Alberas comenzaron en Portvendres y siguen hacia Cotlliure y más a poniente. De este modo Banyuls queda más acá de las fortificaciones, en una especie de *no man's land* situado entre la frontera y la línea de castillos. En esta faja la libertad de movimientos debió de ser completa. De hecho Banyuls fue el pueblo del golfo de la Selva que más costó a los ocupantes franceses dominar. Fue un pueblo díscolo, indomable y de un sentido del particularismo durísimo. Me he referido a la situación que Banyuls le creó al conde de Mailly, primer gobernador francés del Rosellón, en otros de mis libros. Pella i Forgas, en la *Historia del Ampurdán*, observa que Calonge, Begur, Cadaqués y Banyuls son los lugares de esta zona donde es posible encontrar rastros de unas formas de vida y de carácter personales y antiquísimas, desaparecidas o inexistentes en otras poblaciones. Por otra parte, en el sistema catalán antiguo, Banyuls fue Gerona exactamente—. En general, los pueblos de dominio eclesiástico fueron más libres que los de dominio feudal o real. La gente tuvo que cumplir los preceptos y pagar los diezmos y primicias —que a veces, como es natural, se escamoteaban—. Ahora bien: como el amo estaba lejos todo el mundo se ganaba la vida.

En el largo período de las invasiones de Cataluña ocasionadas por las guerras de las monarquías absolutas, Banyuls se aprovechó, naturalmente, del paso de los franceses. El movimiento siempre fue de norte a sur. Solo en una ocasión pareció iniciarse el movimiento contrario: fue cuando la política de coalición contra la Revolución francesa llevó a Carlos IV a invadir el Rosellón. Entonces los habitantes de Banyuls defendieron el collado encarnizadamente. Fue un alzamiento general de hombres y mujeres de un coraje frenético. Este es el episodio más dramático de la historia moderna de la población. Bajo los plátanos, entre la Mairie y el café de Madame Py, hay un pequeño monumento conmemorativo del fuego de referencia.

Los instrumentos de la libertad de los habitantes de Banyuls fueron el mar y el camino del collado. El paisaje de este camino fue exactamente el paisaje que llenó toda la vida el espíritu de Maillol. Siempre sintió su fascinación. El viejo camino es hoy una carretera solitaria. Sobre la misma, a cuatro quilómetros de la población y a tres de Puig del Mas, Maillol tuvo una pequeña masía, ante la cual hay un hoyo abierto que tal vez un día recoja los restos del gran artista. Cuando a Maillol le pareció que el mas estaba demasiado lejos para ir a pie (se había hecho viejo), se hizo construir un taller más cerca, pero siempre encima del camino. En otoño, en la época de los fuegos de sarmientos de vid, de las puertas de las casas del rodal surge a veces un perfume de *civet de llapí* (de conejo) al vino tinto, de extraordinario y sugestivo interés.

El milagro Maillol

En cualquier intento de hacer un retrato de Maillol, me parece que se ha de tener presente su paisaje, su naturaleza, porque fue un hombre que, a diferencia de casi todos los demás, vivió deliberada y voluntariamente dentro de la naturaleza. En las formas arcaicas de la vida de Banyuls puede encontrarse la naturaleza humana de Maillol: en el camino —flanqueado por una riera— del Pla de les Abelles y del collado, está su naturaleza geográfica, física.

Es un rodal oscuro, negruzco, de pizarras y hormazas. Las montañas que flanquean el camino tienen un perfil paquidérmico, tranquilizante. La oscuridad de las pizarras pirinaicas. Las viñas. Los olivares. Algún alcornoque. Desde tiempos inmemoriales la gente se ha dedicado a cultivar la vid y el olivo y a la pesca. En invierno se pescaba según el procedimiento del bou; en verano con las barcas de sardinales con los faroles, siempre a la vela, como en nuestro litoral.

La pesca en el Rosellón está hoy en franca decadencia, de manera que hoy es muy difícil encontrar en estas poblaciones del golfo algún lugar que huela a pescado. (Las famosas anchoas que se trabajan en Cotlliure son en gran parte importadas del norte de África.) El sistema de la economía antigua de este rodal se ha visto reemplazado por otro sistema seguramente más remunerador, pero siniestro: el turismo de masas, descuidado, chabacano e invasor. Así pues, Maillol pudo ver, a lo largo de su vida, la transformación de su región y de su pueblo, que fue de una extrema rusticidad marinera, en un campamento de verano. No creo que esta transformación fuera de su gusto: más bien acentuó su natural arcaísmo y lo llevó a evadirse riera arriba, hacia el interior, por el camino del collado. Ni siquiera lo detuvo la riqueza que sobre la zona ha proyectado el vino de Banyuls, que es el que se elabora con racimos escogidos entre la frontera y el torrente del Ravaner, vino que por su marca y registro está protegido por las leyes. Es un vino de grado, que se remosta, muy apreciado para decir misa, y de gran fama en Francia, no solo como aperitivo, sino para hacer postres. Es una especie de malvasía o de garnacha de color negro —una marca que el paladar catalán lleva desde tiempos inmemoriales, antiquísimos—. Qué contrastes. ¡Dios mío! Por una parte, Maillol asistió al envilecimiento de su pueblo y a su transformación en un carnaval canicular, y, por otra, pudo presenciar el proceso que va de la ruina del país ocasionada por la filoxera (ruina que obligó a buena parte de su familia a emigrar a la Cataluña peninsular) a la máxima valoración del precio de los racimos, a causa de la invención del vino de Banyuls. No se sintió en absoluto afectado ni por una cosa ni por otra; más bien se evadió, porque ante estas cosas fue un inmovilista total. Fue un inmovilista total ante todo lo que no fuera su arte y su oficio, que literalmente lo poseyó.

En esta riera que baja del collado de Banyuls y que Maillol recorrió miles de veces yendo y viniendo entre su pequeña masía y la población, encontró elementos de la naturaleza que lo aproximaron a formas del arte. En los guijarros, en los cantos rodados de esta riera que es corta, generalmente seca y que, en cuanto llueve un poco, se vuelve violenta, en los guijarros arrastrados, friccionados por el agua y los obstáculos, encontró formas de una naturalidad prodigiosa, formas que acariciaba constantemente y que consideraba como una prefiguración de las que el escultor trató de fijar en el barro del taller. Siempre llevaba alguna en la mano y los bolsillos llenos —aquellos guijarros que le deformaban los bolsillos, ya de por sí tan holgados—. Cualquier forma es la consecuencia de la tensión de una fuerza natural o humana sobre la materia. Y por ello naturaleza y escultura son de difícil separación. Hombre situado dentro de la naturaleza, concretamente dentro de un rodal preciso y limitado de la naturaleza, su obra lleva todo el peso de ello. Naturaleza y escultura son para él algo idéntico. Sus torsos, nalgas, muslos, tienen un paralelismo con los perfiles de las montañas de su región, con las curvas de su paisaje, con las formas de los guijarros de riera. Estas ideas arcaicas, griegas, fueron la gran novedad que Maillol aportó en la corriente de la escultura moderna. Lo que ha de apreciarse en los antiguos no es su antigüedad; es su permanente, renovada novedad, que deben a la naturaleza y a la razón, que en la naturaleza descubren.

Creer que Maillol se estableció sobre estos hechos en seguida que tuvo uso de razón sería una mera ilusión del espíritu. Establecerse en ello le costó muchísimo. Su vida fue una larga, lenta circunvalación para llegar a ver algunas cosas claras. Topó fatalmente con el gusto general dominante, siempre corrompido en Francia por la *joliesse*, la *mignardise*, el refinamiento exterior, puramente formal, la fascinación de la moda, la facilidad de los medios de expresión, la frivolidad elegante, la mediocridad vistosa, el término medio de sólido rendimiento. En el transcurso de la vida del artista, la escultura en Francia llegó a la inanidad absoluta, a la pura —y generalmente grotesca— nada.

Solo hay que ver los monumentos del país —y en primer lugar los de París—. El desorden mental de Rodin, servido por una habilísima capacidad de expresión, agravó aún una situación de total decadencia. ¿Cómo es posible, pues, que ante este inmenso, inconsciente, alegre naufragio, Maillol llegase a algún resultado impresionante y positivo? ¿De dónde le vino la fuerza para evadirse del manierismo francés de su tiempo, manierismo universal —oficial, burgués y antiburgués— perceptible incluso en los monumentos a los muertos de la guerra de 1914, tanto como en los salones, en las plazas y en las calles? Esta fuerza le vino —como lo manifestó tantas veces— de su región, de las raíces que descubrió en su región.

Este es el milagro Maillol. No hay otro. Aparte de esto, todo son detalles y anécdotas. Pero el descubrimiento de estas raíces no llegó inmediatamente. Si hubiese muerto a la edad de cincuenta y cinco años, ni siquiera habría llegado a ser una gloria local. Pero el milagro se produjo, y este rústico de Banyuls, prácticamente analfabeto, pero apasionado, tozudo, inteligente, llegó a ser, en un momento determinado, el hombre de mejor gusto de Francia, el escultor más grande de su tiempo.

La familia

Rafael Maillol, propietario de viñas y de una masía situada en el camino del collado de Banyuls, lugar conocido por el nombre de la Roma, fue un hombre de abolengo, cuya familia está documentada en el siglo XIV. Se casó con una señora Roger (Rougé por afrancesamiento) también de la zona y de ascendencia campesina. A la señora Roger se la llamó Rogereta y también Rogerona y Rogerassa, según iban transcurriendo los años y los sentimientos. Del matrimonio nacieron cuatro hijos: dos chicos y dos chicas.

El hijo mayor, Rafael, emigró a Barcelona, donde se estableció como comerciante de vinos y se casó con una muchacha de Cervera de Lleida, Carme Tarragó, hija del procurador Jeroni Tarragó. Carme Tarragó tuvo una voz delicada y, según personas que la conocieron, pretendió llegar a cantante de ópera. De este matrimonio Maillol-Tarragó nació Gaspar Maillol Tarragó, personaje considerable, pintor, impresor y fabricante de papel que fue un auxiliar valiosísimo de su tío Arístides en la fabricación del famoso papel de Montval.

El segundo hijo fue una niña, Maria, que se convirtió en madame Despí (D'Espie por afrancesamiento) y tuvo cuatro hijos: un niño, Adolf, y tres niñas: Celestina, Maria y Clotilde. Adolf Despí Maillol se hizo un nombre en literatura bajo el pseudónimo de Jean de la Hire, folletinista de novelas fantásticas que publicó sobre todo *Le Matin*. La acción de alguna de estas novelas transcurre en antros geológicos de la península de Cap de Creus.

La tercera criatura fue Arístides, que se casó con una muchacha muy pobre pero preciosa de Banyuls, Clotilde Narcís. De este matrimonio nació un hijo, Lucien.

El cuarto hijo fue una chica, Elisa, que se casó con un propietario de Cervera de Lleida, Marian Pomés. Del matrimonio Pomés-Maillol nacieron dos hijos: Rafael y Maria.

Así pues, de estos cuatro hijos, Rafael fue comerciante de vinos en Barcelona; Maria se casó con el señor Despí, ferroviario, que acabó siendo jefe de estación de una pequeña población del Languedoc, de la Compagnie du Midi; Arístides fue el célebre escultor, el más grande de su tiempo; Elisa, casada con el señor Pomés de Cervera, vivió casi toda su vida en la capital de la Segarra y está enterrada en Cervera.

De las familias formadas por estos hermanos Maillol, la más dramática fue la de Elisa. Elisa Maillol de Pomés murió el año 1925 en Cervera, muy pobre. Su marido vivió cinco o seis años más que ella y acabó haciendo de alguacil —¡él, que había sido varias veces alcalde de la ciudad!—. Era el típico señor de pueblo, propietario de tierras que malbarató por mala administración y poca afición al trabajo. Se pasaba el día entero en el café.

De los dos hijos de este matrimonio, Rafael, si vive, tiene ahora sesenta y cinco años y reside en Banyuls, donde va viviendo de una viña que le dejó su madre, Elisa. Sin embargo, Rafael Pomés ha seguido conservando los contactos con Cervera. Se casó con una persona de la población, que un día se marchó a un sanatorio de Suiza para curarse una tuberculosis. En Suiza conoció a otro hombre con quien formó una familia y tuvo un hijo; en Cervera produjo un gran efecto saber que el mejor amigo de esta pseudofamilia fue Rafael Pomés, o sea, el marido de verdad. El hecho se consideró como un ejemplo típico de la acomodaticia actitud francesa ante las circunstancias de la vida.

El otro hijo, Maria Pomés Maillol, murió por los años cincuenta de este siglo en París. Conocida en Cervera como Marí, ha dejado un recuerdo de mujer desenvuelta y lista. En la capital de la Segarra se discutió durante muchos años sobre si esta señora fue la secretaria, la amante o la esposa de su primo hermano Adolf Despí Maillol, o sea, del novelista fantástico Jean de la Hire.

Todas estas noticias precisas y exactas provienen

de Banyuls y de Cervera. Tal vez el lector se quede sorprendido al saber la copiosa relación que tuvieron los Maillol con Cervera. El hecho merece una explicación que nos dará el señor Josep Ferran Lamich, mi distinguido corresponsal en Cervera. En una carta fechada el 30 de enero de 1952 el señor Ferran me decía: «Las noticias que vienen a continuación han de situarse en nuestra ciudad sesenta años atrás, cuando la filoxera en Francia proyectó sobre estos mercados una verdadera avalancha de compradores de vino, franceses, que se establecieron permanentemente aquí a lo largo de unos veinte años. Cuando la filoxera llegó aquí con la crisis de producción natural, la mayor parte de ellos se marcharon. Entre las doce o catorce familias francesas que entonces llegaron a Cervera —los Lalane, los Soubielle, los Taillade, los Maillol, etc.— hubo desde el *exportateur en gros*, pasando por los simples *courtiers*, hasta los modestos toneleros artesanos. Un semanario local de la época anunciaba una fonda en Barcelona totalmente en francés.

»Los que llegaron en edad de casarse lo hicieron con muchachas del país. Del mismo modo, aquellas muchachas francesas que manejaban el *manguito* como una insuperable arma de coquetería, dejaron un inevitable perfume romántico en el ambiente más bien un tanto enrarecido de las familias de Cervera. Y los nombres de Mimí, Marí, Jeannette, etcétera, fueron corrientes entre nosotros, como lo fue la desenvoltura de aquellas muchachas que a finales de siglo viajaban solas de aquí a Francia y su forma de caminar a saltitos, que despertaba en la juventud culta de la época unos sentimientos *pétillants* como los que provoca el champán que introdujeron en nuestro país. Esto y unas monjas francesas que vinieron a comienzos de siglo han conferido a Cervera una devoción por la cultura francesa que aún perdura».

Quedaba por ver si Arístides Maillol, como su hermano Rafael, como su hermana Elisa, como sus sobrinos Gaspar, Adolf, Rafael y Marí, había tenido también una relación con Cervera. La fijación de esta noticia era precisamente lo que me había llevado a ocuparme de toda la familia Maillol. Pues bien: el hecho no ofrece ninguna duda. Sesenta y cinco años atrás Arístides Maillol fue a Cervera y allí pintó un número de cuadros indeterminado; de estos cuadros los habitantes de Cervera ilustrados recuerdan dos con absoluta precisión. Leamos lo que me comunica el señor Ferran Lamich:

«En Cervera se recuerdan dos cuadros de Maillol: un interior de la iglesia parroquial con luz cenital y muchas sombras, a la manera de algunas pinturas de Ramon Casas, y un paisaje segarrense con la silueta de Cervera, ante cuya vista Agustí Duran i Sanpere me dice que el pintor se dio cuenta por vez primera de las posibilidades pictóricas de nuestro país. La medida de este lienzo era de un metro de largo. ¿Qué se ha hecho de estos cuadros? No se sabe. La situación del sobrino Rafael Pomés no parecía la más adecuada para conservar cuadros de una firma como esta».

Estas son las noticias que me comunicó el señor Josep Ferran de Cervera sobre el paso de los Maillol por la capital de la Segarra. Mi impresión es que la permanencia del escultor en aquellos rodales no dejó, sin embargo, ningún rasgo explícito ni en su obra ni en su vida. Por lo menos yo no he podido encontrar ninguno en la abundante bibliografía. Los rastros no explícitos, que pueden tener tanto peso como los manifestados, integran una intimidad humana, y en este sentido son indiscernibles.

La parte del Rosellón que ha tenido siempre más gente ligada a Cataluña con toda clase de vínculos ha sido el golfo de la Selva. La familia Maillol es un clarísimo ejemplo de ello. No vayan ustedes a pensar que esta tendencia fue un fenómeno esporádico, ocasionado momentáneamente por la destrucción de las viñas a consecuencia de la filoxera. Cuando el desplazamiento de la filoxera destruyó las viñas de nuestro país después de las francesas, las relaciones humanas siguieron tan vivas como siempre. Hemos de llegar a la terrible situación ocasionada por la guerra civil para constatar tal vez una cierta mengua, debida a la rigidez de la frontera. Sin embargo, con el paso de los años la situación normal se restableció.

Maillol conoció muy bien Cataluña. Hemos hablado de su presencia en la capital de la Segarra. Su hermano Rafael se estableció en Barcelona durante muchos años en el negocio de vinos. Aunque no se hayan constatado todas las presencias sucesivas del artista en Barcelona, no por ello dejan de ser menos ciertas. Por otra parte, las múltiples apariciones de Maillol en Gerona, sus solitarias divagaciones por el barrio eclesiástico, se han visto garantizadas por personas que más tarde fueron sus amigos. Las piedras de Gerona le gustaban, y se comprende.

La bibliografía francesa sobre Maillol —que a excepción de los libros de madame Cladel y de Henri Frère es de una frivolidad y de una pretensión grotesca: el escultor odiaba todo lo que sobre él se había escrito— nunca ha hecho referencia a sus relaciones con nuestro país. Pero este hecho solo señala la insuficiencia, la inanidad de los biógrafos. Estas relaciones fueron importantes a pesar de que una determinada documentación no lo exprese. Lo demuestra el hecho de que su obra es muy difícil de explicar con los tópicos comunes habituales franceses.

Curriculum vitae

Volvamos un momento hacia atrás.

Hemos dicho que Arístides (Bonaventura Joan) Maillol fue el tercer hijo de Rafael Maillol y de una señora Rougé (Roger). Nació en Banyuls el 8 de diciembre de 1861 en una casa situada en el pequeño núcleo antiguo de la población, que está un poco encastillado ante el mar y que aún hoy tiene todo el aspecto de un poblado de marineros. Es la casa llamada de Laurent Malègre, que los Maillol aún poseen hoy y en la que el escultor vivió, cuando se encontraba allí y no vivía en la masía del camino del collado. Pasó toda su infancia en Banyuls, más en las viñas y en la playa que en la escuela. Fue una de esas criaturas que viven entre las piernas de la gente —en el caso concreto entre las piernas de los campesinos y marineros—. Se acostumbró a oír historias de contrabandistas de mar y de tierra que su padre y sus viejos amigos contaban en la playa, tomando el sol debajo de los plátanos, jugando a la petanca. Todo contribuyó a acercarlo a la naturaleza, a la libertad y a la fuerza de la tierra.

Cuando llegó la hora fue al colegio de Perpiñán y, tras haber obtenido varios años el premio de dibujo, se le otorgó una beca del departamento de los Pirineos Orientales para la École des Beaux Arts de París. Esta escuela no le gustó nada: ni el programa, ni los profesores, ni la enseñanza. La escuela sufría la crisis (que aún dura) producida por el desmoronamiento del arte oficial, ocasionado primero por los pintores de Barbizon y después por los impresionistas. En medio de esta crisis, Maillol quiso ser, primero, pintor y sus primeras pruebas extraescolares se produjeron (en el transcurso de unas vacaciones) en el jardín de la estación de Saint-Thibéry, en el Languedoc, cuyo jefe de estación era su cuñado D'Espie (Despí). Esta primera etapa parisina de Maillol fue de añoranza, de desorientación y en definitiva de fracaso. Como su temperamento nunca fue dado a la bohemia ni al desorden pudo resistirla perfectamente. Sin embargo, consideró que la pintura no era su fuerte y la abandonó definitivamente.

Entonces se dedicó a la tapicería (una de sus obsesiones más permanentes fue la de comparar el paisaje de su región, los pueblos de piedras de color tostado, las montañas, los árboles, con un juego de tapices). Se estableció en Banyuls. Allí creó un taller en el que trabajaron algunas chicas como obreras, hijas de pescadores de la población. No sé si como tapicero salió algo de aquel taller, pero la aventura fue importante en la vida de Maillol porque provocó el conocimiento del artista con Clotilde Narcís, que era una de las muchachas que trabajaban para él y que más tarde se convirtió en su esposa.

—¡Ah, qué nalgas tenía la chica en aquel momento! —decía Maillol muchos años después, cuando ya Clotilde se había convertido, según sus propias palabras, en un armario, pero con toda la pasión que acostumbraba a expresar ante las formas turgentes—. ¡Qué nalgas, Dios mío!

Un día, Maillol hizo su primera escultura siendo aún tapicero: un desnudo en madera, para el que Clotilde le sirvió de modelo. Fue la acción decisiva, porque a través de este desnudo Maillol comprendió el sentido de la fuerza que tenía en potencia. No era ni pintor ni tapicero. Era escultor. Tomó decisiones en este sentido: entonces se estableció seriamente en París (taller de Villeneuve Saint-Georges). Fue en este taller donde Octave Mirbeau, pontífice del periodismo, vio sus primeras obras. Mirbeau escribió el gran artículo sobre Maillol: lo lanzó y lo consagró al mismo tiempo, porque entonces este tipo de artículos eran suficientes para hacer pasar a un artista de la oscuridad a la *renommée*. Mirbeau lo adivinó. Es lo menos que pueda decirse.

Ahora bien, no parece que en aquella época la fama adquirida por un gran artículo de consagración fuera suficiente para tener todas las necesidades resueltas. Por lo menos, en este caso, las cosas fueron así. Por esta razón Maillol, sin dejar la escultura, entró en la aventura de la fabricación del papel de

Montval, para ediciones de lujo, con su sobrino Gaspar Maillol Tarragó, hijo de su hermano mayor Rafael, que se casó con Carme Tarragó, hija de Jeroni, procurador de Cervera, como ya hemos visto.

A Gaspar Maillol se le recuerda en Banyuls como a un hombre bajito, barbudo, extraño, fumador de pipa, con una boina, calzado con zuecos, protegido con un delantal de zapatero, agudo, hablador y bohemio —un *bougre rigolo*— y divertido. Fue un catalán de una fidelidad total hacia su país. Cuando se mudaba se vestía de azul, con una camiseta de marinero, un sombrero indefinible y un bastón. Como quiso ser artista, pasó la mayor parte de su juventud en Banyuls y en París con su tío. En 1899 se encuentra en París, donde trabaja en la pintura (después de una temporada de afición por la música), independientemente de escuelas y profesores. No le interesan las exposiciones, ni la fama, ni las recompensas. Trabaja por gusto, fascinado por la naturaleza. Las mujeres son su modelo preferido. Su sensibilidad se afina: cejas en acento circunflejo, ojos azules y móviles, bondad en la mirada llena de malicia, mejilla rosada, ventanas de la nariz sensibles, estrecha de mano franca y cordial, poco dado a la risa gratuita y a los cumplidos. Avanza mucho primero en la acuarela y luego en el grabado. Societario jovencísimo (29 años) del Salón d'Automne y de los Independents, es miembro del jurado del primero para la sección de grabado. Sin embargo, no parece un hombre con demasiada seguridad en sí mismo. En un momento determinado abandona todo lo que tiene entre manos, se instala en una propiedad en Pourrat (entre Montalbán y Tolosa) y se dedica a hacer de campesino. Sin embargo, pronto la explotación agrícola le provoca tedio. El negocio va mal. Las pérdidas se acumulan, el desorden es considerable, su capacidad de agricultor, pequeñísima. Es entonces cuando su tío Arístides le aconseja venderlo todo e instalarse con él en París.

—Pero ¿qué haremos en París?

—Haremos papel...

—¿Papel?

—Sí, papel.

Arístides Maillol había dejado su taller de Villeneuve Saint-Georges y se había establecido en Marly-le-Roi, donde lo conocí. Tenía a una especie de mecenas: el conde alemán Henri de Kessler. El escultor, que ya había penetrado considerablemente, volvía entonces de Italia y Grecia, viaje que Kessler había pagado a Maillol y al poeta austríaco Hugo von Hofmannsthal. En los medios artísticos alemanes, a Maillol se le consideraba un gran artista, y por ello tantas obras suyas se encuentran en Alemania.

Kessler le había pedido a Maillol cuarenta grabados al boj para ilustrar una edición de las *Églogas* de Virgilio, traducidas por Marc Lafargue (texto latino y traducción delante). Kessler hizo componer el texto a mano y lo imprimió en Weimar. El libro, hoy inencontrable, es una pura maravilla.

Pero la construcción de este libro le dio a Maillol muchos quebraderos de cabeza. No encontró en el mercado un buen papel para imprimir los bojes. De los papeles de China, Japón, Corea, Holanda, etc. que se le ofrecieron, no encontró ninguno de su gusto. Hechos con productos químicos, ninguno de ellos daba a los bojes la luminosidad que deseaba, y menos aún a la composición tipográfica.

Cansado de lo que en el mercado se conocía como grandes papeles, papeles sin carácter y sin vida, un día trató de fabricar uno a su gusto. Cogió un almirez de boticario, puso dentro unos trozos de sábanas finas e hizo con ello una pasta que extendió con una cuchara encima de un ladrillo. Colocó el ladrillo a secar al sol y, una vez seca la pasta, imprimió encima unos bojes de prueba. El resultado se demostró francamente favorable a la edición de las *Églogas*, tanto por los grabados como por las letras. Los grabados aparecieron vivos y luminosos.

Ante el éxito, Kessler propuso la industrialización (hasta cierto punto, claro está) del procedimiento, y este fue el origen de la fabricación del papel de Montval. Gaspar Maillol dejó Pourrat y se trasladó a Marly, donde trabajó en la fabricación del papel. Mientras tanto el conde Kessler había alquilado una villa en Marly, justo delante del taller de Maillol, con quien la amistad —no ya la admiración— llegó a ser cordialísima.

Este estado de paz y trabajo —ideal para un artista— duró hasta que se produjo la guerra de 1914. El conde Kessler fue repatriado a su país y Gaspar Maillol movilizado a las trincheras. En las horas muertas de la guerra, el grabador, para distraerse y como una evasión, volvió a su oficio. Se ejercitó en la xilografía y representó muchas iglesias devastadas por los bombardeos, entrevistas en el transcurso de los desplazamientos de la movilización. Con estos grabados se hizo un volumen que se halla dispuesto en el Museo de la Guerra de París. La guerra produjo al escultor una situación desagradable, por no decir trágica. Tuvo que pagar su amistad con Kessler y con los *amateurs* alemanes que lo habían ayudado. Fue denunciado por connivencia con el enemigo, alegando que el suelo cubierto con cemento de su taller era una plataforma especialmente construida para la instalación de los cañones que tenían que bombardear (ocupado Marly por los alemanes) París. Georges Clemenceau, que por amistad con Mirbeau y otras personas sabía quién era Maillol, pudo salvarlo de una situación que hubiera podido ser fatídica dada la temperatura del momento. Maillol, que como catalán tenía una idea muy imprecisa de la patria —única idea que el catalán puede tener de la patria—, sentía escalofríos al recordar estas cosas. Creo que era sincero.

Así pues, se produjo la desbandada, y el papel de Montval pasó a ser, digamos, la última aventura comercial de Maillol. A partir de este momento —cuando acabó la guerra tenía cincuenta y siete años— ya nada lo distrajo de la escultura. Dedicó a ello todos los momentos de su vida. Organizó su existencia y hasta la declaración de la Segunda Guerra Mundial pasó el otoño, el invierno y el comienzo de la primavera en Banyuls. Se compró una masía para él, situada no demasiado lejos de la de sus padres heredada por su hermana Maria, de apellido Despí por matrimonio. En este caserón solitario, situado entre la riera y el camino del collado de Banyuls (descrito en mi narración «Contraban», del libro *Aigua de mar*) fue donde Maillol trabajó con más intensidad y pasó los mejores momentos de su vida. Fue en este paisaje de una ternura áspera donde concibió los grabados para ilustrar las *Bucólicas*. En este mismo paisaje, si su voluntad se cumple, será un día enterrado —el hoyo en la tierra sigue abierto.

Llegó un momento en que sus idas y venidas a pie de Banyuls al mas le resultaron fatigosas y se compró un pequeño terreno al lado, como siempre, del camino del collado, sobre una elevación de la ladera, cerca de Puig del Mas, el antiguo pueblo de Banyuls, y allí se edificó un taller. En este rodal, en 1931, al cumplir setenta años —en realidad setenta años y meses, dado que la fiesta tuvo lugar en el mes de abril del año siguiente a su cumpleaños— la gente de la región le tributó un homenaje absolutamente digno de su simplicidad antigua. Los hombres se pusieron la barretina; las mujeres, la vieja cofia del país. Tocaron sardanas, asaron sobre la paja miles y miles de caracoles e hicieron una hecatombe de carneros —una mezcla de recuerdos de la patria perdida y del peso permanente de cada día—. Maillol se puso la barretina, bailó la sardana, comió caracoles y carnero, y las muchachas le acariciaban su barba patriarcal y magnífica. ¡Estas chicas tan bonitas! Fue el único homenaje que se le tributó en vida.

Murió en 1944, después de pasar, a lo largo de la Segunda Guerra Mundial, momentos muy poco agradables, delicadísimos y por las mismas causas que en la primera. Tal vez no por las mismas causas; en realidad, por causas que le afectaban aún más. A Maillol se le perdonó la relación que tuvo, durante la etapa de Pétain, con el escultor alemán Breker, cuya exposición en el Petit Palais visitó y ponderó debidamente. Sin embargo —para cubrir a su padre—, a su hijo Lucien se le tildó, en la liberación, de colaboracionista y se le persiguió. Maillol pasó una temporada de gran intranquilidad, de visible malestar. El hecho de que el tribunal de Salud Pública estuviera presidido por el senador de Perpiñán, Nogueres, le parecía un agravante. El caso es que murió en un accidente de automóvil ocurrido en el transcurso de un desplazamiento destinado a pedir el perdón de su hijo.

Maillol fue enterrado en el cementerio nuevo de Banyuls un día de fuerte tramontana. Poca gente asistió al sepelio. Josep Sebastià Pons hizo el discurso de despedida. Pons fue uno de los pocos amigos del Rosellón del artista. Fue un discurso muy bueno; sus palabras se las llevó la violenta furia del viento.

La encrucijada de los profetas

Tras el sumarísimo *curriculum vitae* que acabamos de dar de Maillol, tal vez quede dibujada la trayectoria de su vida, trayectoria que pasa de la pintura a la decoración (tapicería con algún intento de alfarero) para fijarse definitivamente en la escultura. Ahora nos queda por explicar la causa de una evolución que no acostumbra a ser nada corriente. Creo que esta causa se encuentra en un momento determinado de su vida en París.

Hacia 1888 se concentró alrededor del pintor

Paul Sérusier un grupo de artistas jóvenes. Estos jóvenes sienten la necesidad de la demolición, de la renovación, de la fresca libertad de los descubrimientos. Su ídolo es Paul Gauguin, que entonces vive en Pont-Aven. Forman parte de este grupo Bonnard, Vuillard, Ibels, Ranson, Roussel, Seguin, Maurice Denis, Piot y Maillol. Sérusier va y viene entre Pont-Aven y el taller Jullian, donde se reúnen sus amigos. Su idea es que Gauguin es el dios y que él y sus amigos son los profetas. Por esta razón los llama Nabiim, porque *nabí* en hebreo quiere decir «profeta». Maillol fue nabí, formó parte de los profetas.

Es absolutamente innecesario hacer la más mínima alusión a la confusión mental —filosófica, estética e intelectual— que caracterizó a este grupo. Resulta más interesante, en cambio, dar sus ideas sobre la práctica de la pintura. Sérusier pintó entonces el *Talismà*, paisaje «del Bosque del Amor, informe a base de estar sintéticamente formulado», pintado bajo la dirección de Gauguin. Sérusier explicó a sus amigos en qué consistía esta tendencia. «¿Cómo veis estos árboles?», les preguntó Gauguin. «Son amarillos.» «Pues bien: poned más amarillo. Esta sombra tirando a azul, pintadla azul marino. ¿Estas hojas rojas? Bermellón a todo meter.» Esta fue la revolución de los profetas.

En 1890 —Maillol tiene veintinueve años— el grupo deja el taller colectivo y se dispersa por París. Aun así mantiene una cohesión. Todos ellos trabajan para liberarse de la técnica impresionista, para encontrar nuevos medios pictóricos de expresión, siempre a partir de la fórmula de Gauguin: «Recordad que antes de ser un paisaje, una mujer desnuda o un caballo, un lienzo es esencialmente una superficie plana cubierta de valores encajados en un cierto orden». Así pues, para los nabís, un lienzo es un «hecho pictórico». Unos cuantos años después, los cubistas dirán que un lienzo es un «lienzo objeto». De este modo, la pintura se convierte en un simple punto de partida, un pretexto inicial constantemente subordinado a las exigencias de la plasticidad. La plasticidad de un lienzo es su síntesis. ¡Viva la síntesis! Este fue el eslogan de Gauguin. Las ideas tradicionales de pintura buena y pintura mala evidentemente se abandonaron y se sustituyeron por pintura pura y pintura impura. Es el inicio del galimatías. Es el comienzo de las considerables falsedades de concepto que han degradado este arte. En pintura no hay otra síntesis que no sea la de pintura buena y pintura mala. En nuestra época, Toulouse-Lautrec formuló esta idea con una palabra inmortal, siempre válida. Un ministro le pidió que le explicara la pintura.

—Excelencia —contestó el pintor—, explicar la pintura es muy difícil. La pintura es como la mierda. Se siente, pero no se explica.

Volvamos a los profetas. Si la pintura ha de ser sintética, se comprende que no puede ser descriptiva. Ha de ser una sugerencia más que una descripción. Así pues, la pintura ha de ser simbólica. Así comienzan las relaciones entre nabís y poetas simbolistas. El enlace, el definidor del momento (1891), ya no es Sérusier: es Maurice Denis. Denis define la colusión sintetismo-simbolismo. «Es el arte de traducir, de provocar estados de ánimo por medio de relaciones de color y de formas; es el arte de expresar mediante signos plásticos, de sugerir por medios propios de la pintura ideas, sentimientos, sensaciones, de hacer sentir la relación existente entre un cierto orden de manchas, determinados ritmos, ciertos grafismos y nuestras emociones.» Son las correspondencias. El poeta (Baudelaire) había escrito años atrás: «*Les parfums, les couleurs et les sons se répondent...*». De este modo, la pintura es el arte de hacer trascender nuestra vida interior en el plano del mundo externo. Sin embargo, yo me pregunto: ¿Acaso la pintura no fue siempre así? ¿Hay algo nuevo en todo esto, aparte de la pedantería del léxico? ¿Acaso la pintura no existía antes de Sérusier y Denis?

Años más tarde Maurice Denis, al presentar una exposición suya en Zúrich (1917) escribía: «Lo importante del simbolismo fue su posición ante la naturaleza. Creímos que no se tenía que reproducir, sino que se tenía que representar. ¿A través de qué? A través de colores y de equivalentes plásticos. La frase es de Cézanne. Cézanne fue el iniciador del movimiento de 1888-1890». Esta última afirmación es totalmente falsa. ¿Qué tienen que ver las primeras obras —que son las típicas del movimiento— de los nabís con Cézanne? Algunos críticos suizos tuvieron que parar los pies a las frivolidades de Denis. El crítico André Kuenzi ha escrito comentando la afirmación: «Las preocupaciones de Denis, Roussel, Vuillard, Bonnard, por ejemplo, no recuerdan en nada a Cézanne. Cézanne nunca fue ornamental ni decorativo, como lo fueron en sus inicios ciertos nabís más influidos por Gauguin y por las estampas japonesas que por el maestro de Ais».

Los nabís se dedicaron, sobre todo en sus primeros años, a la decoración escénica, a hacer *affiches* y anuncios, a intervenir en las revistas de vanguardia, sobre todo en la *Revue Blanche*, de Natanson, primer marido de la señora Sert. «El simbolismo —escribió Rémy de Gourmont—, una vez limpio de significaciones que lo ultrajaron, puede traducirse literalmente por la palabra *libertad* y a través de los violentos por la palabra *anarquía*.»

Muchos años después, le dije, riendo, a Maillol:

—Usted, Maillol, fue profeta, nabí...

—Sí —me respondió—. Perfectamente. Fui nabí, pero por muy poco tiempo. Lo dejé porque me habría vuelto loco. Fui nabí en París, cuando hacía de pintor, y en Banyuls, cuando hacía de tapicero. De esa pintura y de esa tapicería es mejor no hablar. ¿Me entiende? Era algo que no llevaba a ninguna parte, que no conducía a nada. Aquellos hombres creían que, elaborada la teoría, acabado el problema. ¡Pobrecillos! De hecho, todas aquellas elucubraciones de *bistrot* a mí personalmente no me descubrieron ningún medio de expresión que yo no tuviera. Y, de hecho, mire lo que ha ocurrido. He conservado una amistad con Maurice Denis, pero esto no quiere decir que Denis no haya sido siempre un pintor académico de poquísima categoría. Sérusier fue un total *rigolo*, y como artista, muy mediocre. Bonnard y Vuillard, grandes amigos míos, se han salvado de la quema, pero no se han salvado por la teoría. Se han salvado porque han trabajado y son dos pintores excelentes. Los otros —Ibels, Verkade, Ranson, Piot, Seguin— no sé qué ha sido de ellos, nunca más los he vuelto a ver. Si no me hubiese marchado en el momento justo, habría *«fet una fi com unes calces estretes»*, como decimos en Banyuls, ¿comprende?[4] En arte hay cosas buenas y cosas malas. El resto son *collonades*, por decirlo como en Marsella.

El viaje a Grecia

Para la formación del artista, infinitamente más importante que los contactos que tuvo con los profetas fue el viaje a Grecia, realizado con el conde Kessler y el poeta austríaco Hugo von Hofmannsthal y que el primero subvencionó.

En primer lugar causa una cierta impresión el que Maillol haya estado en Grecia. Les parecerá a ustedes extraño, pero lo último que se les ocurre a los escultores es ir a Grecia. He conocido a muchos. Muchas veces les he oído decir en el café que querían ir a Grecia, que se lamentaban de no haber estado en Grecia. Sin embargo, nunca vi que alguno fuera. Hablaban de ello, pero no se movían. Por muy singular que parezca, la realidad es esta. Si ya es difícil encontrar a un pintor en un museo de pintura,

4. *«Fer una fi com unes calces estretes»*: su traducción literal es «hacer un final como unas bragas estrechas», expresión que significa «estallar», «explotar».

aún lo es más encontrar a un escultor que haya ido a Grecia. Ahora bien: la gran novedad de Maillol, otro hecho que lo separó de la ficticia manera de ver las cosas de sus compañeros artistas, es que hizo el viaje a Grecia.

Este viaje contribuyó en gran manera al descubrimiento de sus raíces. Siempre que habló de Grecia lo hizo en función de su país. A Henri Frère:

«En Itea uno creería estar en Banyuls. Es lo mismo pero sin casas, desierto. Es exactamente el mismo paisaje que en nuestra zona, pero le falta ese algo íntimo, esa dulzura que hace que uno se detenga en cada rincón del valle. Es más amplio y más desnudo. Cuando subía del mar valle arriba me parecía soñar. Parecía que me encontraba en Banyuls. El mismo dibujo de las montañas, los mismos colores. El Parnaso tiene la forma de la Madeloc. Al llegar al pueblo me pareció realmente que estaba soñando; imagínese: escuché, dado por los mismos instrumentos, un aire de contrapás. Los hombres bailaban cogiéndose de las manos, como en el Rosellón. Era perturbador».

En otra parte, Frère escribe:

«Con Maillol, Joan Sebastià Pons y su familia subimos todos a Serrabona.

»—No hay muchos países tan bonitos como este —dijo Maillol—. Aquí todo gusta; no hay nada que moleste. Grecia no es tan bonita como este país. Conozco bien Grecia, ¿me entiende? Allí todo es demasiado grande, los paisajes son inmensos, no es íntima».

No. Grecia no gustó a Maillol. La encontró destartalada, que es lo que realmente es. Su compañero de viaje, el poeta Hugo von Hofmannsthal, la encontró siniestra. Tenía una idea de Grecia meramente libresca, es decir, puramente sensual y, claro está, la desilusión fue terrible. Las tierras del Mediterráneo han sido siempre muy pobres y por lo tanto inhóspitas. Es en los países de la mantequilla, en el norte de Europa, donde la gente vive bien. Maillol tuvo la misma desilusión, pero por razones diferentes. Dentro del área del Mediterráneo, nuestro país es lo que las señoras llaman una *monada*. Hasta en sus momentos de aspereza, el país se convierte en la *monada* de la aspereza. Es como las costillitas de aquí: son pequeñas, minúsculas y llenas de huesos, pero sin embargo son sabrosísimas. Maillol no encontró en Grecia, país grandioso y severo, mineral y desnudo, la intimidad y la belleza del golfo de la Selva.

Pero en Grecia encontró a los griegos, a los antiguos... y a pesar de todos los pesares, Grecia. Maillol a Henri Frère:

«—Aquí —pasábamos al lado de un bosquecillo— comimos un conejo con Maurice Denis. A Denis el país le parecía triste. Decía que era una Tebaida. Estaba acostumbrado a Italia, donde las cosas son cautivadoras, demasiado bonitas. No son hombres para esta naturaleza, no la comprenden. Esto es Sicilia, Grecia. No conozco nada más encantador que este país, es una naturaleza que no puede estar más viva. Pero se ha de comprender...».

En Grecia encontró a los antiguos. Ante los frontispicios del templo de Zeus, en Olimpia, se quedó fascinado. A madame Cladel le dice:

«Aquellas formas tan bellas en su simplicidad, esa es la escultura que yo hubiese querido hacer. Es fuerte, viva, llena de movimiento. Los combatientes arrodillados son magníficos. La figura central, Apolo, que se considera una obra maestra, no es tan bella como los guerreros. Prefiero el arte, todavía primitivo, de Olimpia al Partenón. Es lo más bello que he visto, no hay nada más bello en el mundo. Es un arte de síntesis, un arte superior a este trabajo de la carne que nosotros, modernos, buscamos. Si hubiese vivido en el siglo VI antes de Jesucristo, habría tenido la suerte de trabajar con aquella gente... Fidias es el punto más alto de la inteligencia; nunca se llegará a una tal elevación. Pero yo prefiero Olimpia e incluso las Korés (del Erecteion). Gide ha dicho que son como crisálidas. Pues bien: la crisálida me interesa más que la mariposa porque contiene un misterio más. La mariposa la entendemos en seguida... Pero ¿por qué explicarlo todo? Es imposible... No es siempre el más sabio quien es el más artista. A Fidias no le gustaban las estatuas primitivas; las hacía enterrar; era demasiado sabio... En la entrada del museo de Olimpia se levanta un grupo de caballos esculpidos con un movimiento tal que ante ellos Kessler comenzó a retroceder. Tuvo la impresión de que se le echaban encima...».

Durante la última guerra, un diario de los prisioneros, *L'Équipe*, le pidió un artículo para acompañar la reproducción de una de sus obras más célebres: *La Muntanya*. Lean ustedes lo que entonces escribió:

«Encontrándome, ya hace algunos años, en Atenas, dibujé en el museo una estatua que se llama *El Apolo del Omphalos*; es una estatua que subraya el estudio de la carne hasta un punto sorprendente y, por tanto, se encuentra ya lejos de la grandeza y de la majestad de las obras de Fidias. Acabado el dibujo, me giré y me encontré ante una gran estatua primitiva, una obra dentro del estilo de los egipcios (de los comienzos del arte griego), severa y grandiosa. ¡Por fin veía la estatua de un dios! Comprendí hasta qué punto aquel arte superaba al de *El Apolo del Omphalos*, por su altura espiritual: esta comparación me hizo reflexionar profundamente y me dejó perplejo. Por otra parte, el arte de nuestro tiempo era mucho menos grande que el del *Apolo*. ¿Qué camino seguir? Nuestra época no está para dioses. Me pareció que no podía hacer más que seguir a la naturaleza, pero que en el estudio del cuerpo humano podía encontrar una razón de belleza superior, dedicándome a la observación de la armonía de las formas, a su equilibrio arquitectónico, y que mediante este estudio podría alcanzar la grandeza. ¿Lo he conseguido?».

Hablando de las cosas contenidas en este párrafo precisaba a Frère:

«Cuando me giré (en el museo de Atenas) vi una de aquellas estatuas egipcias o, mejor dicho, de los comienzos del arte griego, rígida, completamente recta, alta como una columna, dominante. Era grandiosa. Comprendí que la escultura era aquello. O, mejor dicho: que la escultura estaba hecha para aquello: para producir una gran impresión».

Hablando con Joan Sebastià Pons, ante una fotografía de una estatuilla de hombre, griega, de la colección Lecuyer, nos dice:

«Esto es también hermoso. Hacían maravillas con nada. Todo lo colocaban siempre en el aire. ¿No le parece a usted que la estatuilla vuela? A duras penas pone los pies en el suelo. Es tan hermosa como una gran estatua. Incluso parece más hermosa. Y es que en las estatuas pequeñas llegaban más fácilmente a la perfección. En una gran estatua es muy difícil mantener en todas partes el estilo y la expresión. Pero en las pequeñas lo conseguían en seguida. Es de Policleto».

Pasando en tren por delante de la bahía de Polillos (que se encuentra entre Banyuls y Portvendres), le dice a Frère:

«Mire, es exactamente igual que en Eleusis; uno se creería allí. Y usted no vio todo esto antes de que hicieran esa fábrica (se refiere a la fábrica del consorcio Nobel de explosivos). Era maravilloso. Era la playa más bonita de la costa. Era realmente antiguo. Ahora lo han deshecho. No puede usted imaginarse hasta qué punto este país se parece a Grecia. Para los que la hemos visto, es impresionante. En la costa hay lugares absolutamente parecidos. Pero el lugar donde la luz se parece más a la de Grecia es Elna. Es verdaderamente en Elna donde he encontrado la luz de Grecia».

«En Grecia me entendí perfectamente con Hofmannsthal —dice a Frère—. Era un hombre de una sensibilidad extraordinaria. En la Acrópolis nos sentamos encima de una columna. Me decía: "Con Kessler es imposible: siempre se ha de andar". Conmigo podía sentarse tranquilamente. Mirábamos el paisaje y gozábamos de él. Fuimos juntos a la fuente de Castalia. Bebimos el agua de esa fuente echados en el suelo. Más tarde dijo que Grecia lo había decepcionado. Se la imaginaba diferente. Se la imaginaba como un alemán, ¿comprende? ¡Los alemanes están tan lejos! Escribió una tragedia imitando a Sófocles. Vi una representación. Estaba bien. Era un hombre de talento.»

«Seguimos de nuevo por la riera —escribe Frère— y después, en el camino de la playa, nos cruzamos con diversos grupos de chicas jóvenes.

»—Este año —dijo Maillol— suben algunas guapísimas. Mire, en ese grupo está mi nieta. Es bonita. Está gorda. Tiene un trasero magnífico. Y la imbécil de su madre quiere que un médico la vea.

»Me habló de la poda de los olivos y dijo que la cosecha de olivas se la recogía un hombre al que después pagaba con algunos litros de aceite. De esta manera me cultiva el olivar, me poda los olivos y todo va bien.

»Hizo una referencia a la manera de hacer el aceite.

»—Mi abuela sabía hacerlo —dijo—. Ponía las olivas en la azotea, cuando estaban a punto les daba una vuelta adecuada. Hacía un aceite excelente.

»Al pasar por delante de unas chumberas llenas de frutos, dijo:

»—¿Sabe usted que con los higos chumbos se hace una confitura muy buena? Tiene un gusto salvaje y almizcleño. Es como si se comiese zorra.[5]

5. *Guilla* en catalán significa «zorra». Se trata de una imagen para resaltar aún más ese gusto salvaje y almizcleño de la confitura.

»Mientras hablábamos se iba haciendo de noche. La habitación se oscurecía. Pensamos en encender la luz. Cuando vio que buscaba las cerillas, Maillol me detuvo apresuradamente.

»—¡A quién se le ocurre habiendo fuego en la chimenea...! Las cerillas son demasiado caras. Encenderemos la luz con un papel.

»Pero no pudimos encender la luz con un papel.

»—Bueno, coja una cerilla —dijo dando su consentimiento—. Hagamos un poco de *gasto*[6] ya que usted está aquí.

»—Tengo más de ochenta años, pero no tengo nada de viejo, nada. El otro día me encontré con un tipo que me dijo: "Señor Maillol, esto se acaba. Ya casi se ha acabado. Ya no podemos...". "Demonio", le dije, "deme a una jovencita de quince años y ya verá usted... Yo no tengo nada de viejo. El trabajo que acabo de hacer, esa estatua, no tiene nada de senil".

»—En el momento de marcharme del mas —escribe Frère— todavía había fuego en la chimenea. Al disponerme a desplazar las brasas hacia el fondo del todo, me dijo:

»—No, no... no se han de echar a perder. Haremos carbón. Es muy fácil hacer carbón.

»Trajo una olla con agua y cogiendo cada brasa con las tenazas las fue sumergiendo un momento en el agua para sacarlas después y dejarlas a un lado. Al cabo de un momento tenía un buen puñado.

6. En castellano en el original.

»—¿Ve? Hemos hecho el suficiente carbón para cocinar cuando volvamos. Hubiera sido una lástima perderlo. Todo se ha de aprovechar y es tan fácil hacerlo.»

Maillol. Las etapas de su obra

Maillol fue un artista callado, silencioso, inmerso en un mundo absolutamente personal —en un mundo de formas bellas, tiernas, voluptuosas. Fue un trabajador incansable, obsesionado. Cuando lo conocí —en la visita en que acompañando a Pere Ynglada y a Manuel Humbert le hicimos en su taller de Marly-le-Roy—, supuse que me encontraría con un meridional charlatán, agudo, ruidoso, como suelen serlo los catalanes. Mi sorpresa fue grande al encontrarme ante un hombre correcto y hospitalario, incapaz de mantener una conversación banal o convencional, ante un campesino astuto y cauteloso, preocupado, con la diferencia de que, si bien las obsesiones de un campesino son generalmente económicas, las suyas se referían a las formas más bellas que puedan soñarse. Lo teníamos delante y parecía estar muy lejos. Seguía la conversación, pero mentalmente estaba ausente. Estaba presente y era como si estuviera apartado. Causaba una tal impresión de personalidad inconfundible, que uno veía en seguida con la mayor claridad lo que observábamos sus pocos amigos: su escisión de la sociedad, su incomprensión de la patria, su neutralismo familiar. Solo le interesaban la escultura, su trabajo, su juego mental. Trabajaba en frío, de una forma meditada y deliberada, sin ninguna concesión a las facilidades románticas. Todo en él era cálculo, equilibrio y mesura —pero cálculo, equilibrio y mesura apasionados (secretamente apasionados), y ello explica la profundidad a la que llegó—. Fue un voluptuoso (mental y real) de las formas más bellas que la vida ofrece bajo este cielo, ante este mar, en esta tierra seca y perfumada, y fue la profundidad de su sueño lo que lo llevó tan lejos.

Entonces ya era viejo. Era un hombre de estatura media, con una gran barba blanca, el cabello largo, con unos ojillos intensamente azules, bajo una boina amplia, sobre una nariz importante. En París, la cursilería francesa —que también existe— le había echado en cara su aspecto tosco, sus zuecos llenos de paja. Había hecho muy poco caso del aspecto que tenía. Sus modales tenían la simplicidad de la vida antigua —una simplicidad absolutamente natural—. Sus palabras eran claras —y a menudo saladas—. Todo lo que lo rodeaba era sobrio, sencillo, de una claridad radiante. Bajo este aspecto había un hombre de una complejidad sensacional. Incluso cuando no hacía nada —y siempre hacía una cosa u otra— daba la impresión de estar siempre ocupado —sobre todo mentalmente ocupado—. Los domingos por la tarde recibía en Marly a una sociedad cosmopolita. Fuera de estos contactos obligados, vivía al margen de cualquier obligación social. Hombre antiguo desde todos los puntos de vista, también lo era en la frugalidad. Cualquier forma de exceso le molestaba. Era fuerte —tenía una fuerza delicada— y siempre trabajaba; si odiaba a alguien era al gandul, al *fainéant*. Los charlatanes lo sacaban de quicio. Era conservador. Quería una sociedad libre, quieta e inmóvil. Cuando veía movimiento se asustaba. No se fiaba. Un día al pasar por la playa de Banyuls observó que los viejos no tomaban el sol, que los jóvenes volvían de la viña, que nadie miraba el mar.

—¿Qué es este movimiento? —preguntó a una anciana que pasaba.

—Ayer noche se declaró la guerra...

Se quedó perplejo. Empalideció. Luego se crispó, vociferante.

—Se han tragado el entendimiento —gritó levantando los brazos—. Se han vuelto locos, no saben lo que hacen...

Pero sus palabras, claro está, se perdieron en el vacío circundante y universal.

Su manera de moverse por la vida era la del cazador que está al acecho esperando la posibilidad de atrapar lo que sucesivamente tiene en la cabeza o entre manos. Sabía que con la sola voluntad se hacen cosas puramente materiales, mecánicas, y que en su oficio es necesario, además de la voluntad, la gracia, el momento preciso, el estado de ánimo adecuado. El estado de ánimo favorable y el oficio significan lo mismo, una cosa explica la otra y viceversa. Sus momentos de distracción eran una distracción aparente —eran momentos de espera para atrapar lo que en aquel instante le obsesionaba—. Unir una forma con otra —unir un muslo lleno con el bajo vientre de una figura sin utilizar la habilidad, dando el punto de unión—, esto es lo que subyacía cuando parecía estar remoloneando. Pocos hombres de su tiempo habrán sido más inquietos y preocupados; pero, si bien la inquietud se manifiesta en este mundo generalmente en la superficie y de forma ruidosa, a menudo insoportable, Maillol fue un profundo inquieto, bajo una actitud inmóvil y arcaica.

De este modo se comprende que su mayor placer fuera la soledad, la laboriosidad solitaria, la separación de todo lo que para él suponía una molestia insoportable. Le gustaba hacerse las cosas personalmente y prepararse la comida. Por esta razón le gustaba vivir en el mas de les Abelles, sobre el camino del collado, entre la riera y la pendiente de viñas y olivos, solitario. Sabía que en aquella tierra había hombres como él que trabajaban en la calma —la calma de la tarde en aquellos rincones secretos y perfumados—, recónditos entre la hormaza y la botánica. Es principalmente en este sentido que puede decirse que Maillol fue un rústico absoluto, porque solo los hombres de esta clase son aún capaces de vivir separados y consigo mismo, sin añorar la intrascendencia del tumulto social y de la masa. Lo peor de nuestra época es la falta de atención, la dispersión —ir de un lado a otro sin ver nada—. «Si las cosas se han de hacer, se han de hacer de verdad.» Se ha dicho que precisamente por ser un rústico era un poco avaro. Es natural que fuera así. De la moneda se tiene una u otra opinión, según lo que haya costado ganarla con dignidad. Ahora bien, yo creo que aunque el artista hubiese comenzado en la opulencia y libre de problemas, sus reacciones habrían sido las mismas. Era un hombre de otro fuste, de otra forma de ser e incluso, como artista, diferente de los demás. Era un hombre y un artista puro —no encuentro una palabra menos pedante—, de buena fe, de una autenticidad absoluta. Si esto no fuera obvio desde todos los puntos de vista, quedaría demostrado por la reacción que le producían la inmensa mayoría de los escritos que sobre él se formularon con esa divina facilidad que tienen tantos franceses para divagar sin ton ni son y aparentar. En los últimos años de su vida aprovechó todas las ocasiones para subrayar la tontería de tantos escritos innombrables. En el libro de Henri Frère, que es el mejor que se ha escrito sobre el escultor, puede constatarse lo siguiente. Fíjense ustedes en esta perla: Maillol a Frère: «Los hay que me han hecho decir burradas. Por ejemplo, Waldemar George, que me dijo: "En fin, lo que usted busca es la espiral". "¿Qué es una espiral? ¿Es un tirabuzón? Entonces, ¿soy yo un fabricante de tirabuzones?"».

Sin embargo, lo que a mi entender demuestra antes que cualquier otra cosa la buena fe y la absoluta autenticidad del artista es la lentitud con que fue elaborada su obra. Esta lentitud es la consecuencia del esfuerzo que tuvo que hacer para llegar a algún resultado. Le costó muchos años desprenderse de la tradición escultórica francesa que, cuando Maillol empezó, no aceptaba la escultura gótica y la despreciaba absolutamente, a pesar de ser la imaginería gótica lo más grande que ha hecho Francia en escultura. En la historia del arte y de la cultura de Francia existía este requisito ineludible: que el gótico (y no digamos el románico) tenía que relegarse a los antros de la ignorancia. Se consideraba que la escultura francesa era propiamente el siglo XVIII y Versalles. Afortunadamente este prejuicio se ha roto en los años de la actual posguerra, hecho a recalcar, sobre todo para felicitarnos por ello. Es posible que fuese Manolo quien más influyó para romper en Maillol este exclusivismo absurdo, esta amputación manicomial. Maillol hizo siempre mucho caso de la agudeza de Manolo y supo comprender lo que había de sustancioso y real bajo su tipismo delirante. Por otra parte, le costó muchos años desprenderse del lastre, de la corriente y de la moda de la época. Es muy difícil ir contra una situación que una ciudad como París ha impuesto. Era un momento de dominio total de Rodin, hombre social, brillante, fascinador, espíritu literaturesco, grandioso (aunque vacío) y hábil en su oficio como lo fueron los grandes *couturiers* contemporáneos. La confusión montada en torno a Rodin —fue el artista de su tiempo al que se le aplicó más copiosamente la palabra *genio*— impidió ver, incluso a los espíritus más sutiles, que uno se encontraba ante un escultor alemán de tercer o cuarto orden, destinado, entre los espíritus construidos, a pasar de moda a corto plazo y a ser, como contrapartida, muy apreciado en tierras hiperbóreas y eslavas. ¿Qué podía hacer el hombrecillo de Banyuls, rústico, arcaico, antipedante, ante aquel inmenso armatoste informe y sagrado?

El caso es que Maillol quiso hacer el arte francés, el arte del siglo XVIII y de Versalles, porque lo consideraba la quintaesencia del espíritu de Francia. Y, además de considerarlo esta quintaesencia, los franceses piensan que es el arte que más se acerca, que más se aproxima al de los antiguos, y en concreto al de los griegos. Creen que es el arte griego porque las comparaciones son libérrimas y desprovistas de importancia; en realidad es un arte gótico (sin lágrimas), archidegenerado, desprovisto de espíritu, sensualizado, harto, gordote y bien alimentado. Maillol se estableció en estas confusiones durante muchos años y creyó con toda su buena fe que hacía el griego auténtico y real. Ni siquiera el viaje a Grecia —que se produjo en la primavera de 1908— pudo desplazarlo de este amasijo de conceptos, de despropósitos profesorales y de tópicos de taller. Era un hombre de convicciones serias, incluso cuando el camino emprendido era el equivocado.

Así pues, existe una primera etapa de su escultura hecha con estas ideas —una etapa que duró muchos años—. Dado que la obra global del escultor no es copiosa, sino más bien escasa, esta etapa tiene un gran peso en el resultado general. Es una obra realista, incluso diría naturalista —toda la época lo era—, de imitación servil de la realidad, dentro de la que aparecen figuras cortas, pesadas, abrumadoramente naturales. Son figuras realizadas admirablemente porque su sentimiento de la forma fue siempre luminoso, y en este sentido es imposible suponer un Maillol intrascendente. Sin embargo, el espíritu de estas obras es la *mignardise*, una especie de mediocridad perfecta y azucarada, el anecdotismo ronsardino, con collares y guirnaldas de rosas, una escultura para avenidas de *marroniers* bajo una luz dulce y plateada. No es la escultura griega. Le falta el sol, el estilo y la fabulosa elegancia. Pero Maillol, al hacer la escultura francesa, creía hacer el arte griego auténtico y manifiesto. Tal vez sea un error de base querer hacer esta u otra escultura nacional. Creía hacer el arte griego y hacía el arte que hubiesen hecho los góticos si hubieran estado mejor alimentados y hubieran sustituido su espíritu visionario, su capacidad de maravillarse, por los tópicos de las sobremesas libertinas, enciclopedistas y volterianas. Si ha de hacerse escultura, el sustantivo no necesita acompañamiento de ninguna clase.

Todo lo que estamos escribiendo puede parecer una crítica. En realidad lo es, aunque tengamos en cuenta el peso de la época que ningún artista puede escamotear. Durante una larga etapa de su actividad de escultor, Maillol se equivocó de concepto y la equivocación fue fundamental. La escultura, en sí misma, es el arte más complicado y difícil del mundo, y aguantar una estatua recta sin que al darle la vuelta se caiga por un lado u otro presenta las mayores dificultades. No es este el caso del gran artista. Aunque su error de concepción sea muy cierto —¡esas cortas *Tres Gracias*!—, su escultura nunca se cae. Por otra parte, no creo que la vulgaridad realista de sus figuras lo apartara de la atención general. Al contrario. Concretamente sus figuras femeninas son bajitas y gordas, hecho que desde el punto de vista de los modistos (y de las señoras burguesas) las hace inelegantes. Pero el defecto es que son exactas. Un día, en la terraza del café más céntrico de Perpiñán, un señor importante que acompañaba a su adorable esposa (y de la que parecía intensamente enamorado) me dijo:

—Esa figura de Maillol es insoportable. Es espesa, no tiene *allure*, es demasiado baja. Maillol fue un campesino en exceso sobrecargado.

—Pero ¿qué estás diciendo? —replicó la señora sonriendo—. Esa figura es como yo. Lo que ocurre es que no lleva tacones altos ni los vestidos que solemos ponernos. Es una copia exacta.

Y era verdad. La *Venus del collar* (ahora sin collar) de la plaza de la Llotja de Perpiñán que teníamos a cuatro pasos era literalmente igual a la casada a la que acompañábamos en la mesa. Su marido creía que era una Venus porque llevaba tacones altos. De hecho era un retaco como tantas hay. Años atrás Manolo, hablando de estas cosas, había dicho en Puigcerdà la última palabra: «El cuerpo humano es gótico». Afirmación que publico una vez más, no para aumentar el acostumbrado narcisismo masculino, sino porque es del todo obvio.

Lo que sucede es que los años (para Maillol) no pasaron en vano. Aquel hombre tan lento, tan premioso, tan de buena fe, tan auténtico, en un momento determinado se dio cuenta de que no hacía tanto el griego como él creía. En el libro de madame Cladel hay una afirmación hecha después del viaje a Grecia que representa el punto más alto del tributo que tuvo que pagar a su época. La afirmación es esta: «Cada artista lleva en sí mismo su canon». Afirmación que, si bien puede ser desgraciadamente cierta para un escultor realista, siempre será falsa desde el punto de vista de la regla de oro del modelo humano.

Uno se vincula, como contribuyente, con un retaco u otro. Un escultor que quiera hacer el griego no puede vincularse nunca. Fatalmente ha de estilizar.

Lo menos que pueda decirse del cuerpo humano es que, hablando en general, es horrible, feo y monstruoso —sin que ello vaya en detrimento, claro está, de las admirables virtudes humanas y familiares—. Sin embargo, resulta que estas virtudes tienen tanto que ver con la belleza como un huevo y una castaña. Los griegos de la gran época resolvieron el problema de la inevitable tendencia del cuerpo humano a la monstruosidad alargando sensiblemente las figuras, haciéndolas más esbeltas, estilizándolas. No se trata ahora de la inagotable polémica surgida en torno al dualismo Rodin-Maillol. No se trata de comparar la cosa lánguida que tiene el material de Rodin, su pérdida de tensión vital, su desfibración nocturna y lunática (a pesar de la preocupación que tuvo siempre este artista por colocar sus formas bajo las luces más favorables), con el ímpetu solar, el pneuma de la forma viva, el deslumbramiento carnal de las figuras de Maillol. La gran sala de escultura del Museo de Basilea es sensacional para la comparación. Pero ahora no se trata de estas nimiedades. Se trata de algo mucho más profundo, de la estilización de los antiguos —problema que en un escultor romántico como Rodin, infectado de literatura, ni siquiera se planteó—. Ahora bien: lo que yo digo es que en un momento determinado Maillol corrige el error conceptual de su primera etapa escultórica y se decide a estilizar, a alargar las figuras, a darles la gracia suprema de la elegancia. Lo hace con pies de plomo, con la timidez del hombre que ante la inextricable confusión de la época se considera obligado a mantener una cautela (cautela que su rusticidad aumenta) permanente y sistemática. Pero lo hace. Lo hace aprovechando su larga experiencia, sus inacabables tentativas que, si bien por una parte son para él un freno, dan a su decisión una madurez sensacional, admirable. Hablo de sus inacabables tentativas porque Maillol entró en el gran problema de la escultura siendo ya muy viejo, estando ya muy cerca de los setenta años —sin que ello excluya algún resultado esporádico en años anteriores—. La figura del atleta joven que titula *El corredor ciclista* (título grotescamente realista), que se encuentra en el Museo de Luxemburgo, es una prueba del primer logro esporádico. En fin, lo que trato de dar a entender, ante el proceso global de su obra, es que en un momento determinado llegó a convertir la realidad en belleza. En esa obra global, no hay ninguna creación que no contenga —hasta en los momentos en que el error de concepto es más visible— aspectos, detalles, elementos de una incomparable virtualidad. Sin embargo, cuando encuentra el concepto, emerge de sus manos el milagro helénico, la belleza total. Es entonces cuando aparecen la gracia alada, el espíritu del paganismo, el gusto de la forma como tal —con toda su belleza radiante—. Alcanzó este resultado en los últimos años de su vida, y el punto más alto de esta larga circunvalación puede tal vez situarse en el monumento a Cézanne de los jardines de las Tullerías. En este momento, Maillol fue el artista de su tiempo que con menos afectación, con menos manierismo, con más vivencia solar, estuvo más cerca del concepto que de la escultura tuvieron los antiguos. Yo solo quería decir que el peso que tuvo en el proceso de este artista su paisaje local —el golfo de la Selva— fue decisivo, capital.

SALVADOR DALÍ, UNA NOTICIA

Salvador Dalí i Domènech nació en Figueres el 13 de mayo de 1904. Por lo tanto, en el momento de escribir estas líneas (mayo de 1958), tiene cincuenta y cuatro años. Su padre fue el señor Salvador Dalí i Cusí, natural de Cadaqués, abogado y notario. El notario Dalí fue un jurisconsulto muy experto y de gran renombre. Ejerció siempre en Figueres, donde llegó a ser una figura conocidísima, no solo en la capital, sino en todo el Ampurdán. Antes de jubilarse, durante una larga temporada, fue el notario más veterano del Colegio del Principado. Una vez jubilado, se retiró al Llaner de Cadaqués, donde pasó los últimos años de su vida viviendo en casa propia, cultivando un huerto, practicando la religión católica y discutiendo con su hijo, a veces en forma vociferante, esas pequeñas diferencias que por el hecho de formar parte de generaciones sucesivas acostumbran a discutir padres e hijos, protagonistas como son de la ley de acción y reacción que parece presidir las relaciones humanas.

La madre del pintor, la señora Felipa Domènech, murió joven. La señora Dalí, de apellido Domènech, fue la hermana del señor Domènech, que regentó con gran honorabilidad y discreción la centenaria librería Domènech de la Rambla del Centre de Barcelona. No creo que pueda pedirse, en la historia de un pintor que primero estuvo tan de moda en la vanguardia revolucionaria y ahora lo está en la vanguardia reaccionaria del arte, un primer establecimiento más burgués y mejor. A esto lo llamamos ser de buena casa.

Del primer matrimonio del notario (con la mencionada señora) nacieron dos hijos: Salvador y Anna Maria. Fallecida la primera esposa, casó en segundas nupcias con Caterina Domènech, hermana de la difunta. A esta señora siempre la llamaron en casa la *«tieta»*.

Estos datos son muy corrientes, pero no vayan ustedes a creer que el notario Dalí fue un hombre sencillo y fácil de manejar. Tuvo una gran personalidad. Y no hago esta afirmación pensando en eso que en Figueres llaman las ondulaciones, veleidades y circunstancias del notario. Quienes lo conocimos y tratamos durante muchos años y podemos tener de su vida una visión panorámica no haremos hincapié en estas realidades. Efectivamente, es demasiado fácil recordar las contradicciones, me refiero al oportunismo del señor Dalí. Pero ¿de quién no se podría recordar? Me sería muy divertido describir el recalcitrante agnosticismo de sus primeros y largos decenios y es más, acabada la guerra civil, aquella escena inolvidable que tuvo como marco su huerto del Llaner, donde me decía mientras gesticulaba esperanzado ante los brécoles y lechugas que cultivaba orgulloso:

—Estos brécoles, estas lechugas, amigo Pla, ¿no suscitan en usted la existencia incuestionable de una primera causa, de un Dios omnipotente, eterno y universal? ¡Si no lo ve claro es que tiene usted algo metido en el ojo y anda un poco corto de gracia!

En un mundo estático y parado, los hombres y las mujeres serían siempre los mismos. Por gusto, los hombres no cambiarían nunca. Sin embargo, lo que cambia es la vida que tienen alrededor. Es lo que se llaman circunstancias lo que nos lleva a practicar el oportunismo más escandaloso y más vulgar. Una de las mayores aspiraciones del hombre es llegar a ser contribuyente. Es una aspiración que satisface, si se resuelve. Produce una ilusión de seguridad. Pero a veces uno deja de serlo por razones que escapan al control personal —y este fue el caso de mucha gente durante aquellos años de guerra y de miseria general—. Si toda la vida se han hecho escrituras y testamentos, produce una gran sorpresa dejar de hacerlos. En esos momentos, el que los diarios digan que todo marcha perfectamente es un triste consuelo. Son estas sorpresas personales —las sorpresas históricas— lo que suelen producir las crisis íntimas. Yo viví un poco la del notario de Figueres. No fue una crisis deliberada o voluntaria, sino forzada. Lo que cambió fue la situación; él tuvo que seguir, *velis nolis*, fatalmente. Para un hombre de escrituras, un mundo sin escrituras es peligroso y repugnante.

Así pues, el problema es en sí mismo secundario. Lo que daba gozo ver era más bien la entrega total del micer a sus sucesivas posiciones, desprovistas de una coherencia apreciable. Montó a caballo de todas y cada una de ellas, con unas convicciones absolutamente definitivas, indesmontables, graníticas, arraigadísimas. No era propio de él ponerse a la defensiva. Tenía una tendencia proselitista. Atacaba siempre, a veces con sarcasmo y gesticulaciones que retumbaban en el ámbito de la geografía comarcal. Podía haber pasado por órbitas extravagantes, pero siempre que se contradijo lo hizo con una solidez impresionante, sin la más ligera posibilidad de caer en cualquier forma de escepticismo. Nunca fue un escéptico. Fue un militante permanente, tanto en la época de no ir a misa como en la época de ir. Este talante lo mantuvo en una juventud permanente, y al igual que los jóvenes a veces perdió amenidad por un gusto excesivo del ruido y de la tozudez incoercible. Fue un temperamento durísimo al servicio de la ondulación plástica, ligeramente coloidal, de la vida. Un hombre difícil de romper, curioso, con una forma de ser que quizá su hijo haya heredado. También su hijo ha practicado alguna contradicción, siempre en nombre de la última y decisiva filosofía. Los Dalí son así. Así como los latinos aconsejaban el *fortiter in re, suaviter in modo*, esta familia ha practicado lo contrario: el *fortiter in modo, suaviter in re*. Para mí la falta de esta sincronización es de una absoluta oscuridad.

La infancia y la adolescencia de quien más tarde iba a convertirse en el artista de fama universal, no solo por su obra, sino por sus extravagancias personales, transcurrieron en Figueres. Parece que desde un principio la criatura fue excesivamente endemoniada como para hacer juego con esas virtudes de orden, disciplina y urbanidad que suelen atribuirse al ambiente de una notaría.

«A los seis años quería ser cocinero; a los siete mi ambición era ser Napoleón. Desde entonces mis pretensiones no han hecho más que aumentar», escribe en *The Secret Life*, su autobiografía. Una criatura de imaginación volcánica manifestada en época muy temprana. La autobiografía que acabamos de citar contiene un capítulo titulado «Memorias de mi vida intrauterina» positivamente curioso, aunque esta clase de reminiscencias sufren siempre de un exceso de vaguedad e imprecisión muy acentuado. Es casi seguro que Salvador Dalí comenzó a tener recuerdos del claustro materno después de haber leído a Sigmund Freud —uno de sus autores predilectos— y en pleno ambiente surrealista europeo, que saqueó a Freud de una manera sistemática y desaforada. En un informe como el presente, que no tiene pretensiones de fantasía, este capítulo se ha de considerar como una nota de lectura marginal, simplemente.

Estudió el bachillerato en el Instituto general y técnico de Figueres y con el plan del conde de Romanones, de 1903. Estudió de mala gana casi todas las asignaturas, y ante ellas llegó a una indiferencia y a una distracción insondables. Solo el dibujo le apasionó. Desde pequeño sintió por esta disciplina una fascinación casi morbosa, y la Providencia, que a veces no suele ser tan benigna, le proporcionó un profesor a su medida: el señor Núñez Fernández. Resulta difícil saber por qué azar al señor Juan Núñez Fernández, hombre de valor, se le nombró profesor de un establecimiento tan poco vistoso, como era entonces el de Figueres. Probablemente fue un hombre de tendencia errabunda, desinteresado por la estrategia del escalafón. Este señor fue cuando menos el maestro de la pasión de Salvador Dalí. El señor Núñez, que después de Figueres fue nombrado profesor en San Sebastián, tuvo un dominio del dibujo verdaderamente notable. Expensionado en Roma, grabador muy experto, primera medalla de grabado, el profesor, a pesar de estos precedentes académicos, hizo poca carrera. Cuando vivió en Figueres dio la impresión de un hombre gris e insubstancial. Se paseaba por los alrededores de la población y a veces entraba en el cementerio; también era posible encontrarlo en alguna mesa de café solitario. Parecía un hombre abstraído, desinteresado por las cosas de este mundo. Solo se animaba en las horas de clase. Sombrío y rígido, era un maestro sin debilidades ni complacencias. Obligaba a los estudiantes a trabajar, los *apretaba* por decirlo como los estudiantes. Los frutos de esta manera de entender la pedagogía —de la pedagogía probablemente eficaz— son visibles en el caso de Salvador Dalí. Podrán discutirse muchos aspectos de su obra, exaltar algunos o rechazar otros, fijar lo que es caduco o lo que sigue vivo. Pero que Dalí sabe dibujar es algo que todavía nadie ha discutido, a pesar de que la cantidad de escritos que este hombre ha suscitado en todo el mundo (escritos por lo general agridulces) no tiene precedentes en una persona de este país.

Núñez fue una mentalidad académica, pero su pasión —¡qué paradoja!— fue la pintura de Joaquim Mir. Adoraba la obra de Mir. Lo consideraba el pintor más importante del país. El gran vigor realista de sus lienzos, la agudeza de su retina, el volumen, un tanto vulgar, de su persona conmovían a aquel hombre insubstancial, autor de tantos claroscuros perfectos, de tantas academias correctísimas. Consideraba que Mir era un prodigio. Aquellos lienzos se habían pintado con una técnica diametralmente opuesta a la que defendía y practicaba el señor Núñez. Mir, que veía crecer la hierba, que captaba los matices más sutiles del aire que tenía ante sus ojos, pintaba siempre al buen tuntún, a ojo, al vuelo. En cambio, Núñez sostenía, y así lo profesaba ante sus alumnos, que la pintura y en general cualquier obra humana, y con mayor razón cualquier obra de arte, es el resultado de un número determinado de jornadas de trabajo aplicadas y lúcidas. Son dos maneras de ver las cosas, dos maneras diferentes, por no decir contrarias. El resultado puede llegar a ser, tal vez, el mismo —excepcionalmente, claro está—. El caso de Mir, ídolo de Núñez, es el fracaso de las teorías del profesor. Mir es la gracia de la espontaneidad, del don. Núñez sostenía que se puede llegar a la gracia mediante el estudio, la tenacidad y la aplicación. Este amasijo de postulados contradictorios tal vez se encuentre en la base de la obra de Salvador Dalí.

Don Juan Núñez dio lecciones a Dalí en el Instituto, en la Escola Municipal d'Arts de Figueres —que es una escuela para albañiles, carpinteros y cerrajeros—, y además le dio clases particulares a domicilio. Le enseñó el arte del grabado, y el alumno llegó a ser un buen grabador. Sobre todo lo inició en la cultura del grabado, le mostró las prodigiosas obras de arte del grabado, que tan pocos artistas de hoy conocen. Dilató la curiosidad y los conocimientos de su alumno en un grado muy considerable. Muy pronto todas estas cosas no tuvieron para Dalí ningún misterio. Las convirtió en el hábito de su vida. Se documentó con gran amplitud. Dalí, que probablemente no es un hombre muy culto —no ha aplicado a la lectura ningún esfuerzo de paciencia y escribe como un ser protohistórico, pensando solo en los efectos decorativos de la caligrafía—, es, en cambio, en su oficio un hombre documentado e informado como pocos artistas de su época. Por otra parte, en el transcurso de sus innumerables desplazamientos sucesivos, tuvo ocasión de ver muchas obras de arte, museos, muchas colecciones particulares. En los momentos presentes, pocos artistas de su edad han visto tantas cosas como Salvador Dalí. Una pintura que ya es casi imposible ver en su país de origen —los impresionistas franceses—, Dalí la ha visto en Estados Unidos, que es donde en gran parte se encuentra. Además, a causa de sus extravagancias, ha tenido acceso al mundo del esnobismo internacional —que se deshace ante cosas divertidas e inusitadas como el bigote de nuestro artista, sobre todo cuando estas se presentan con el tupé del paranoico (del pseudoparanoico absolutamente bien imitado) con que Dalí lo ha llevado—. El esnobismo internacional le ha abierto todas las puertas, y de este modo ha tenido acceso a colecciones particulares por lo general cerradas a personas a las que les sería de mayor utilidad. Todo ha llevado a Dalí a tener una excelente preparación, una amplia documentación, un trato de mucha utilidad. Este peso puede observarse en todos sus lienzos. En la época más delirante de su surrealismo, en los momentos de más libre fantasía enloquecida, hay siempre rastros de documentación, graníticas reminiscencias tradicionales. Dalí no es un ser primario. En su oficio, en su mundo, es un erudito, muy respetable, un documentado.

Conceptúo que la presencia de un maestro de dibujo como don Juan Núñez en la formación de Salvador Dalí fue un hecho decisivo, muy importante. Si el arte de nuestros días se caracteriza por una creciente falta de medios de expresión ocasionada por la pura y simple ignorancia y a veces por una cínica explotación de la tendencia al mínimo esfuerzo, el hecho de que Dalí supiera explícitamente dibujar iba a convertirlo en un artista diferente de los demás. No digo ni mejor ni peor que los demás; simplemente digo diferente. El dominio del oficio iba a llevar a Dalí no solo a ser un artista diferente, sino a remar contra la corriente general. Era terrible que fuera así, dado que el dominio de la técnica y la eficacia del utillaje son tan determinantes en cualquier producción y no digamos en la producción del arte. La pintura no se ha hecho exclusivamente con ideas; la pintura se ha hecho y se hace con las manos. El mayor error que se ha cometido con Dalí ha sido considerarlo un revolucionario. Es exactamente lo contrario. No solo no ha sido nunca un revolucionario, sino que no puede ser un revolucionario, porque su formación es la de un reaccionario absoluto, el vivo retrato del reaccionario. Nuestra época, carente como ha sido de cualquier principio normativo, saturada de la anarquía mental típica de las épocas de disolución de la clase dominante (en este caso de la burguesía), tenía que invertir muchas cosas, como es natural. Y de este modo pudieron parecer revolucionarios artistas dedicados al cultivo del anacronismo, del pasado y de la tradición. Este es el caso de Dalí. Y también fue este el caso de Josep Maria Sert. Dado que intentó pintar como los venecianos —sin conseguirlo—, a Josep Maria Sert se le consideró un avanzado. En nuestra época ha habido revolucionarios por puro anacronismo, por tradicionalismo recalcitrante. Pero, claro está, se supone que los anacronismos, para no ser estériles, no se han de presentar en su estado polvoriento y estadizo natural, sino conveniente y cautelosamente disimulados y camuflados. (Pero ello no quiere decir que dejen de serlo.) Es para decir que el camino de Núñez, si se sigue al pie de la letra, conduce fatalmente a los cafés solitarios de una u otra ciudad provincial. Pero también quiere decir que el mismo camino, jalonado con disonancias surrealistas, puede conducir a horizontes mucho más brillantes. La época ha sido como es y no hemos tenido otra.

El descubrimiento del paisaje ampurdanés

Espíritu esencialmente previsor y familiar, el notario se preocupó desde el primer momento por el porvenir de su hijo. En cuanto quedó establecido que Salvador sería artista, consideró necesario revestir la profesión que iba a emprender de la máxima seguridad.

—¿Qué es un artista? —preguntaba el micer a sus amigos del casino. Y él mismo contestaba que ser artista es no ser nada o muy poca cosa. Ni siquiera es una carrera. Es una actividad incierta e imprecisa, de una seguridad indiscernible, de unos resultados sometidos al problematismo más displicente e inaprehensible.

Sin embargo, un buen día se enteró —gracias a informaciones facilitadas tal vez por el pianista Monturiol o quizá por Gabriel Alomar, que entonces era catedrático de latín en el Instituto de Figueres— de que el Estado daba títulos de artista, que previamente reintegrados podían dar acceso al sostenimiento de un presupuesto ciertamente modesto, pero real. Para la obtención de estos títulos están la escuela oficial, la Academia de San Fernando, que radica en Madrid, las pensiones en Roma, etc., y en definitiva un escalafón profesoral inscrito en la contabilidad del Estado. ¿No fue esta, pues, la carrera del señor Núñez? El jurisconsulto hizo las investigaciones indispensables y constató que el señor Núñez estaba al corriente de pago con los establecimientos de la ciudad. En fin: consideró que había encontrado la fórmula del porvenir de su hijo. Salvador sería artista, pero lo sería con orla y título de Estado, es decir, con todo el precaucionismo indispensable.

Y de este modo el futuro artista se trasladó a Madrid, donde, instalado en la clásica pensión, se dispuso a hacer el examen de ingreso que en estos casos es corriente. Parece ser, sin embargo, que el dibujo que como trabajo práctico presentó al tribunal tenía una tara definitiva: el dibujo —fuera por inadvertencia o por lo que fuese— lo realizó sobre un papel no reglamentario, para ser concretos demasiado pequeño.

—Se ha equivocado usted de medida, joven —le dijo el bedel del establecimiento—. Usted no pasará.

Y en efecto: suspendió.

Por aquellos días en Madrid, y como consecuencia de una visita que Alfonso XIII hizo a la Academia de San Fernando —que el artista presenció—, hizo un retrato cubista del rey de España. Un cubismo un tanto tímido y muy sui géneris, pero real. En aquel ambiente tranquilo y dócil de la capital, la pintura produjo un escándalo formidable. Era la primera cosa cubista que aparecía en Madrid... Ante la indignación que se produjo, se quedó perplejo y se preguntó: ¿qué debo hacer? Pero no supo qué contestar. En Madrid cuando no se sabe qué hacer, la única solución es ir al café. Es lo que Dalí hizo durante una larga temporada. En los múltiples cafés que frecuentó conoció a diversos literatos y artistas que después de las peripecias habituales de la juventud hicieron la carrera que se suele hacer cuando la persona no está destinada a la dulce y agradecida oscuridad. Uno de estos jóvenes fue García Lorca, que mantuvo con Dalí una buena amistad. Sin embargo, a la larga, ir solo al café, por más gracia que allí se segregue, por más pintoresca que sea la tertulia, llega a cansar. Dalí se decepcionó. Llegó a la definitiva conclusión de que en aquel ambiente ultraprovinciano no tenía nada que hacer. Y se volvió a Figueres, su ciudad. El notario tuvo un gran disgusto. Se dedicó a la vociferación más ruidosa. Su precaucionismo había fracasado.

En Figueres, Dalí se dedicó a la observación del paisaje del Ampurdán. Creo que en la formación del artista hay dos hechos decisivos. Primero, su contacto con el señor Núñez, su maestro de dibujo. Después, el descubrimiento del paisaje del Ampurdán, exactamente del paisaje del Alto Ampurdán, y más exactamente aún, del cielo del Alto Ampurdán. Creo que Salvador Dalí es el descubridor del paisaje de esta zona. Este hecho se ha de considerar en la elaboración de la obra que ha hecho y que hará como un elemento importantísimo, decisivo, trascendental.

El Alto Ampurdán es una zona muy curiosa. Nadie, antes que Dalí, se había dado cuenta de su paisaje. En realidad no se conoce ni una sola pintura de este paisaje que merezca la pena valorar. Es un plano sobre el nivel del mar resguardado por los últimos contrafuertes orientales de los Pirineos —la Garrotxa y les Alberes—. Por razón del hecho de que en esta zona el viento dominante es el viento del norte, o sea, la tramontana, se produce sobre este plano una bóveda de cielo limpia, amplísima, enorme, y un aire puro, cristalino, de una prodigiosa claridad. En la Provenza, con el mistral como viento dominante; en las comarcas castellanas aventadas por el cierzo, se produce el mismo fenómeno de bóveda de cielo amplísima y de pureza aérea de diamante. Sin embargo, los cielos de Castilla son cielos de montaña. En cambio, en el Ampurdán, estos cielos se dan sobre el mismo nivel del mar y por lo tanto en un paisaje de una botánica mucho más rica, mucho más delicada, más elegante. La tramontana es un viento seco, impetuoso, tónico, alocado, que parece creado por la naturaleza para producir cielos absolutamente vacíos, totalmente desamoblados. Tres horas después de haberse originado la tramontana, el cielo se convierte en una curva de bóveda inmensa, una cúpula de una pureza lineal, en la que hay un aire, una luz, de una claridad estática, nítida, luminosa, aguzada, rutilante. Dentro de esta luz, las lejanías se distinguen con una presencia prodigiosa, los horizontes parecen acercarse, las cosas se perfilan —los olivos, los cipreses, las montañas azuladas, el mar deslumbrante— con una perfección obsesionante. Uno creería poder tocar con la mano los objetos alejados, parece como si las cosas se nos acercasen a la pupila, como si invadieran nuestra percepción visual con un auténtico brío brusco y vivo. Las formas se acercan y se precisan en el sentido en que en el aire purísimo nada las deforma ni desdibuja, ni esfuma por interposición de obstáculos y vapores atmosféricos intermedios. Las formas solo se vuelven imprecisas cuando la vista ya no da más de sí para captarlas en todos sus matices. El celaje, la humedad, las atmósferas cargadas, la niebla, la llovizna, todo ello aleja las cosas. Esa luz, que constantemente se aclara, limpísima, las acerca. Ese cielo aguzado, de una fría dureza, esa luz estática y diamantina, ese aire filtrado, de agua marina, puro, preciso, es una creación del viento dominante en la zona —a veces, por otra parte, tan molesto, insoportable.

El Ampurdán es, climatológicamente hablando, la cola de la meteorología europea. Se encuentra en la frontera misma del clima continental y del clima africano del levante peninsular. El Alto Ampurdán tiene una meteorología estrictamente continental. El Bajo Ampurdán es la zona de frontera, la zona polémica, entre los vientos del norte y el bumerán de los vientos del mediodía. Cuando en el Alto Ampurdán se origina el viento dominante durante las dos terceras partes de las horas del año, aparece un país impintable —mientras no se demuestre lo contrario, claro está—. Desde que comenzó la pintura al aire libre, todas las facilidades y todos los trucos del oficio se vieron especialmente favorecidos por las atmósferas cargadas e imprecisas, muy ricas en descomposición luminosa y colorista. El impresionismo francés representa el punto más alto en la captación de las riquezas de las atmósferas húmedas. Ahora bien, ante las atmósferas nítidas y estáticas, inmóviles y precisas, ¿qué sentido tienen los colores complementarios, las pinceladas combinadas, el puntillismo, la yuxtaposición colorista? Con estas técnicas, el Alto Ampurdán solo es pintable cuando chispea o gotea de neblina. En su estado natural, seco y liso, sin tumefacciones acuosas, solo puede pintarlo un artista que domine el dibujo, un artista que consiga con el dibujo un dominio tal de la objetividad circundante que le permita superar las comodidades del peso colorista atmosférico con la precisión de las formas estrictas.

Pues bien, en un momento determinado se produce el hecho ineluctable: el mejor discípulo del viejo profesor de dibujo tantas veces aludido se enfrenta abiertamente con ese paisaje tan desagradecido. Ese hombre fue Salvador Dalí. Dalí descubre el paisaje del Alto Ampurdán y lo pinta con una eficacia no superada, magnífica. Solo un gran dominio del dibujo le permitió la entrada en una aventura que, además de tener un sentido absolutamente contrario a la marcha general de la época, ofrecía grandes dificultades intrínsecas.

A su regreso de Madrid, Dalí divagó un cierto tiempo en el callejón sin salida del cubismo e inició tímidamente los otros «ismos»; tenía que pagar fatalmente su tributo a la época. Tal vez esta etapa fue la de mayor confusión mental de su carrera. Fue una época maltrecha y miserable: enfrentamiento con el notario, disgustado por el fracaso de Madrid; conferencias en Barcelona, conferencias muy cargadas, abracadabrantes, en las que no dejó títere con cabeza; una vida sensual complicada, impertinente y frenética. En aquella época Dalí parecía un leopardo famélico. Pero todo esto eran simples envanecimientos de juventud que fatalmente habían de pasar. Y, en efecto, siempre que en el transcurso de esos años se expresó con sinceridad auténtica aparecieron de inmediato sus cualidades de dibujante al servicio de su descubrimiento: del descubrimiento del paisaje del Alto Ampurdán, que ha sido, es y será la obsesión de su vida. Sobre esta base inició los primeros tanteos de sus grandes síntesis posteriores, realizados con una precisión prodigiosa, con un lúcido realismo. Cuando nosotros, los ampurdaneses, vimos aquella tartana colocada sobre el plano dilatado, bajo la bóveda del cielo limpio, claro, resplandeciente e inmenso, constatamos que había nacido nuestro pintor —el pintor que había descubierto y comprendido (tan bien como un campesino de la tierra) nuestra región.

A partir de este descubrimiento Dalí ha puesto ese paisaje en todas las obras que hasta ahora ha hecho. Además, puede asegurarse que ya nunca más podrá separarse de ese paisaje, porque es un elemento de su formación, que está anclado en sí mismo, en su propia naturaleza. Más adelante, y por razones naturalísimas, creyó que debía especializarse en un rodal concreto de ese paisaje, y creyendo sin duda que la marina de Cadaqués formaba el alcaloide más puro, más aventado, más lineal y más sintético, allí se estableció. De este modo, convirtió Cadaqués, y aún más especialmente Portlligat, en la compañía inseparable de todas las grandes composiciones que ha hecho en los últimos años. Es un paisaje en verde gris, de olivos y viñas y lastón seco y la geología de las pizarras pirinaicas de color de plomo, sobre las que la luz flota como una baba de caracol tornasolada y fina. El Alto Ampurdán es impintable, pero este rodal de la marina de Cadaqués parece aún más estéril. No tiene color, todo en él es lineal y estricto, seco. Aventado con furia por los soplos del norte, su aire llega a una limpidez superior a la de las tierras ampurdanesas. Los espejismos del acercamiento de las cosas se dan allí constantemente. Es un paisaje que nos invade con una corporeidad inmediata que nos para en seco. Toda la pintura de Dalí se ve precisamente afectada por el espejismo del acercamiento —por la tendencia del paisaje a invadirnos, a acercarse a nuestros sentidos, a hacernos sentir, a través de un choque que a veces es literalmente físico, su presencia—. No es un paisaje lánguido y pasivo, que se deje mirar con una displicente indiferencia, tocado de un instinto de frialdad separativa. Es, por el contrario, un exabrupto que viene a turbarnos, cordial o brusco, que se nos fija en la pupila y del que ya no podemos prescindir. El espejismo del acercamiento, de la invasión, creado por el fenómeno meteorológico tantas veces aludido, no solo constituye el ánimo de la tierra de este rodal, sino que es un elemento importantísimo en la pintura de Salvador Dalí. Él también trata de hacer una pintura invasora, abrumadora, una pintura que se acerca, triunfante y presente. Obedece al *genius loci* de la región.

Decíamos que ese paisaje es el alcaloide del Alto Ampurdán, tal vez por ser aún más austero, por tener una botánica más pobre, por ser más lineal y preciso. El del Alto Ampurdán siempre es un tanto panorámico, dilatado, abierto. Determinados dibujos de Joaquim Bech, que ha comprendido, tan bien como Dalí, el paisaje ampurdanés, dan admirablemente el contraste: la realidad concreta inmediata y las dimensiones dilatadas del entorno. Joaquim Bech ha captado a veces este impresionante contraste con una finísima agudeza. En la marina de Cadaqués, todo se recluye en horizontes más cerrados, más limitados, más pequeños. Allí uno solo puede encararse con el dibujo más preciso. Es un paisaje para dibujar y colorear. Nunca para pintar con los ingredientes teóricos y prácticos de la escuela de París. De este modo, era tal vez previsible que Dalí lo escogiera para que sirviese de soporte a su pintura. De hecho ha quedado literalmente invadido por sus formas y su espíritu. Lo pasea por el mundo con una inagotable persistencia porque lo lleva grabado en la memoria con una casi dolorosa —y deliciosa— precisión obsesiva. Al igual que los emigrantes que arrastran por el mundo la imagen del campanario de su pueblo y el recuerdo de las sensaciones palatales que tuvieron de pequeños, Dalí vive con el paisaje que descubrió. Se han hecho inseparables, se han fundido y mezclado perfectamente. De hecho, para él ese paisaje es ineludible: lo pone en las composiciones más insospechadas, en sus lienzos de tema más extravagante. Es, en su obra entera, un testimonio de presencia permanente, continuo.

Miró y Dalí

Si Dalí no se hubiese movido del camino de la pintura realista, ¿adónde habría llegado? Lo más lógico es pensar que habría hecho una carrera de ritmo normal, es decir, bastante lento. Pero las cosas normales —si se exceptúan las cosas básicamente normales como por ejemplo comer, beber y dormir bien, que para él son imprescindibles— nunca le interesaron seriamente. Es un tipo humano demasiado vital, demasiado sensual y ávido, para poderlo cerrar en una curva normal. La normalidad de su curva es más desorbitada, más personal. Desde muy joven tuvo confianza en sí mismo. Siempre que se ha planteado el problema de saber si es muy inteligente, estoy seguro de que se ha decantado por la respuesta afirmativa, sin ningún esfuerzo, de la manera más natural y corriente. Desde muy joven contempló el espectáculo del mundo, impávido, con frialdad, audacia y osadía. Tuvo un cierto dominio de sí mismo, una seguridad en su propia persona a partir del momento en que entró en la vida. Si bien a menudo metió la pata, siempre intentó arreglar el problema como fuera, de cualquier manera. Es cobardica pero arriesgado. En su autobiografía ha explicado su atrevimiento como un fenómeno de timidez vencida.

Tras estas pequeñas observaciones, algún lector se dirá que el señor Dalí no tiene el sentido del ridículo. Es muy posible. Es casi seguro que este problema ni existió para él. Si hubiese existido, sería otra persona, evidentemente. Ahora bien: he conocido a algunas personas, a muchas, en realidad, y casi todas ellas pobres, en posesión del sentido del ridículo externo. He conocido a muchísimas menos, quizá a ninguna, que tuviesen el sentido del ridículo interno, con su propio yo. No quiero decir que no haya algunas. Debe de haberlas. Seguramente existirán. Lo que sucede es que yo no las conozco.

Dado que en el momento de su primer viaje a París el surrealismo estaba en franca ascensión y era lo que hervía más, sin dudarlo se acercó a este movimiento. En seguida lo comprendió. Vio que todo procedía de la misma fuente: de la obra de Sigmund Freud. Tal vez ya la había leído en Figueres —más o menos—. En París la entendió mejor. Freud ha sido para Dalí un dios inagotable de informaciones, placeres y conocimientos. Siempre ha hablado —y escrito— con el mayor respeto acerca de este investigador que, junto a Marx y Einstein, ha creado los fundamentos de las transformaciones de nuestra época. En determinados momentos creyó que Freud era el hombre más importante de nuestros tiempos. Y ahora nos encontramos ante el tercer factor que ha intervenido en la formación de Salvador Dalí. El primero fue aquel oscuro profesor que le enseñó a dibujar. El segundo fue el descubrimiento del paisaje del Ampurdán y del espejismo del acercamiento. El tercero fue la obra de Sigmund Freud, no en lo que pueda tener de terapéutica, sino como descripción de la vida humana, real y tangible. Todo el surrealismo procede de lecturas, en general mal digeridas, de la obra de Freud.

El surrealismo continental, y concretamente el surrealismo francés, recibió de Cataluña dos importantes aportaciones: primero, la de Joan Miró; después, la de Salvador Dalí. Cronológicamente, Miró llegó a París antes que Dalí. Miró vivió los momentos difíciles del movimiento; Dalí, cuando el viento comenzó a soplar favorablemente. Conocí a Miró en la capital de Francia en 1920, es decir, en la primera etapa de mi actuación como periodista en el extranjero.

Con mis amigos Lluís Mercadé y Enric C. Ricart, iba a menudo a cenar a una *crémerie* del Boulevard de Montparnasse, barata, macilenta y triste. A veces nos acompañaba Metzanov, un griego del mar Negro, dibujante de frivolidades, que Mercadé había conocido en Múnich. Un día se presentó en el establecimiento un muchacho bajito, regordete, sonrosado, tieso, muy bien vestido con una ropa de color de hoja muerta y corbata colorada, tierno y fino. Llevaba bombín, presentaba unas mejillas admirablemente afeitadas y saludables, todo lo que llevaba estaba admirablemente conjuntado y bien dispuesto, todo era nuevo, el reloj de pulsera le marcaba la hora exacta, las uñas eran unos pequeños sorbos de rocío, la raya de los pantalones le caía verticalmente sobre las polainas que cubrían sus relucientes zapatos. Era Joan Miró, que hacía muy poco tiempo había desembarcado en la estación del Quai d'Orsay.

Me quedé agradablemente sorprendido del parecido que Miró tenía con determinados jóvenes payeses de nuestro país, payeses rubios, por lo general presumidos, regordetes y corpulentos, un tanto joviales, un poco bobalicones de apariencia, pero de hecho muy equilibrados, tozudos, impávidos y de gran resistencia. El parecido aumentaba aún más al constatar que el embarazo que esos rústicos presentan al mudarse, era algo también muy evidente en Miró. Me pregunté a quién me recordaba Miró. Estaba claro —veinte años atrás—, me dije: Puig y Ferreter era exactamente igual que este joven payés tan fresco y tan hermosote.

Tras las presentaciones de rigor, Miró colocó con el mayor cuidado su sombrero en el perchero, se acercó a la mesa y se sentó muy acicalado en una silla después de haberse puesto con dos dedos los pantalones de manera que la raya se le conservase impecablemente. Todos aquellos movimientos me divirtieron, porque por aquel entonces yo vivía en un mundo periodístico más bien zarrapastroso, desecado y un tanto dejado de la mano de Dios. Como ya había cenado, pidió un café con leche. Echó dos terrones de azúcar con las puntas de los dedos en el líquido mientras ponía los labios en forma de culo de gallina y las pupilas de los ojos azul grises se convertían en dos bolitas de una esfericidad perfecta. Aquellos dos ojos me impresionaron de inmediato, hasta el extremo de que su presencia me hizo olvidar el resto del cuerpo de mi amigo. Parecían dos perdigones ampliados, aumentados, dos bolitas glaciales, de una forma interna obsesiva, que a veces recordaban los ojos de un payaso, otras los de los maniquíes de los escaparates de sastrerías modestas, otras los ojos de un alucinado. Aquellos dos ojos que a veces se detenían en una fijeza impresionante y tenían la inmovilidad de unos ojos hipnotizados puestos sobre un cuerpo tieso y rígido, incómodo y ligeramente grotesco, daban una impresión de cosa extraña, prácticamente nunca vista. Si la gente tuviera los ojos de este joven —me dije—, el aspecto de la humanidad sería distinto. Y lo que más sorprendía, quizá, era la absoluta perfección del órgano visual: la circunferencia perfecta del cristalino, la simetría matemática de todos los elementos, el aspecto modélico que tenían. Eran inquietantes precisamente por parecer tan perfectos. Eran unos ojos hechos expresamente, mecánicos, modélicos.

Miró venía a ver a Ricart, a quien ya conocía. Habían formado parte de no sé qué agrupaciones artísticas rivales barcelonesas. Habían frecuentado las Galerías Dalmau de la calle Portaferrissa. En seguida me percaté de que Ricart miraba a Miró con una gran curiosidad, con una subrayada deferencia, no exenta, tal vez, de una cierta bondadosa ironía. Se dijeron unas cuantas palabras en voz baja, y cuando el diálogo acabó observamos que Miró entraba en un mutismo absoluto y perfecto. El primer silencio duró unos diez minutos largos, durante los que Miró observó fijamente el vaso de café con leche vacío que tenía ante sus ojos. Dado que en una mesa, si hay alguien que no dice nada, los otros acaban también en el mutismo, al cabo de poco rato todos entramos en un silencio casi necrofílico. Enric Ricart intentó salvar la situación haciéndole una pregunta a Miró con la esperanza de que se mostraría interesado. Miró contestó con un monosílabo y entró en otro largo lapso de mutismo. Comprendí en seguida que tenía mucha práctica en ello y sospeché si no sería ese el estado natural de su ánimo. Este chico —me dije— ha debido de pasarse muchos años sin decir nada. Debe de ser como esos payeses que a veces tienen un disgusto y se pasan años sin decir nada. En Palafrugell hubo un hombre que hizo la promesa de no hablar con su mujer durante dos años seguidos y la cumplió con una precisión perfecta.

Metzanov sufría. Como no callaba nunca —hablaba francés con acento alemán—, aquellos silencios tan prolongados (y en realidad tan poco merecidos) le molestaban sobremanera. Hicimos todo lo posible para acelerar el proceso. Acabamos de cenar rápidamente y salimos de la *crémerie*. En el momento de despedirnos, Metzanov preguntó a Miró:

—¿Es usted pintor?

—Sí, señor.

—¿De figura? ¿Paisajista?

—He abandonado esos temas. Ahora pinto mis sueños. Siento simpatía por los surrealistas.

—Ha de ser terriblemente difícil...

—¿Difícil? ¡Pues claro que es difícil!

—¿Pueden pintarse lo sueños? ¿Es posible? Si ya pintar unos zapatos, una corbata, las piernas de una señorita es tan difícil, pintar los sueños... Debe pintar signos...

—Los sueños son una realidad, como los zapatos, las corbatas, las piernas de una señorita...

—¡Ah! —dijo Metzanov, sonriendo con un aire triste.

—¿Acaso quiere usted limitarme las posibilidades como artista? —dijo Miró con una violencia apenas contenida, el pecho hinchado, cargándose de hombros, la cara inyectada, con una acentuada crispación enrojecida—. Pinto como me parece; y si usted quiere pinto signos... ¿y qué?

Lluís Mercadé, siempre tan ponderado, aceleró la separación. Por otra parte, estas discusiones son aburridísimas. Miró se había molestado. Existía el peligro de que Metzanov —molesto por el silencio que Miró había promovido— dijese una palabra injusta o desprovista de sentido. Era el momento de marcharse. Fuimos al café.

Mientras caminábamos, Mercadé dijo a Ricart:

—Ese chico no habla apenas, realmente...

—Es verdad, habla poco. Siempre ha sido así.

—¿Habla poco porque no tiene nada que decir —pregunté— o porque casi no domina los medios de expresión?

—Imagino que tiene muchas cosas que decir. Creo que más bien le cuesta decirlas. Es un hombre de frases muy cortas, dado principalmente a las afirmaciones y a las negaciones y sobre todo a los monosílabos... En nuestro país hay mucha gente así...

—Es verdad. Pero tal vez esto en París, para hacer carrera, para llegar, no sea ningún defecto. Para un marchante de pintura, recibir la visita de un vendedor de cuadros que no hable sin ser mudo ha de ser algo muy impresionante. En París la cuestión es tener algo especial que impresione a la gente. Por ejemplo, ir a una fiesta de sociedad y no decir nada a nadie guardando siempre la más exquisita corrección causa una tremenda impresión. Los franceses son muy poco humoristas, pero les gusta que la gente se divierta, sobre todo si se trata de extranjeros. Quiero decir que la cuestión es hacerse inolvidable y los silencios tan prolongados de ese chico sobre ese aspecto suyo de apocamiento hipnótico, aspecto que además los aumenta y en cierto modo los dramatiza, puede ayudarlo mucho en este sentido. No creo ir equivocado, y si no al tiempo...

Ricart nos habló un rato de Miró. Nos contó la enorme impresión que le había causado (a Miró) la exposición (horrorosa) de Van Dongen en las Galerías Dalmau, cuando este holandés regresó de Argel. Dijo además que la etapa realista de la pintura de Miró estaba agonizando por creer el artista que había llegado a un callejón sin salida, sin futuro. Nos habló también de las dificultades del artista con su familia —las historias de siempre—. Y tal vez dijo aún algo más, algo que no puedo referir porque no lo escribí en caliente.

Al cabo de un mes o un mes y medio, Miró volvió a la *crémerie*. Llegó admirablemente vestido: un abrigo flamante, un fular de color ladrillo y debajo un *smoking* perfecto, rígido (por aquel entonces mudarse significaba entrar en la rigidez), con un cuello de aletas que de tan duro parecía de acero y unas solapas deslumbrantes, brillantísimas. Sombrero holgado negro, algo más francés que inglés —y este era el único defecto—. Habló un poco con Ricart, pidió un café con leche y todos entramos en el mutismo, hecho que no me molestó, porque desde hacía cuatro días llovía sin cesar y me invadía la misantropía. No nos atrevimos a preguntarle nada, pero todo parecía indicar que se dirigía a una fiesta, de valoración indiscernible pero posiblemente utilísima.

Tras despedirnos, fuimos al Dôme a tomar café. Ya a cubierto miré a Ricart. Ricart miró a Mercadé y Mercadé me miró a mí.

—La cosa marcha... Ese chico funciona. Tenemos que celebrar la verosimilitud de las profecías. Invito a un calvados ahora mismo...

Pero Ricart era abstemio y Mercadé solo bebía whisky después de las once de la noche.

Al igual que Miró, Dalí pasó del realismo al surrealismo. El primero lo hizo a través de un proceso un poco lento y con ciertas precauciones. El segundo se lanzó en seguida y sin cumplidos. Parece que los críticos han establecido que Dalí fue un pintor surrealista mejor que Miró; parece ser que Miró, como pintor de esta escuela, fue un simple imitador de Dalí. Por lo menos así lo he leído en una publicación dedicada a ese artista. ¡Qué más da! La afirmación es absolutamente indiferente, pero para que quede constancia de ella copiaremos unas palabras de un ensayo de Lafuente Ferrari que es un ditirambo de Miró. «El surrealismo fue como una secta, una facción intransigente, dogmática, un partido obsesionado por la revolución social, por la reforma moral, la destrucción y otras cosas que no tienen nada que ver con el arte ni con la obra de un pintor auténtico. Todo esto es un lastre para el artista puro, y Miró lo es. Su obra nos lo demuestra: es cierto que en algún momento de su pintura existe una veleidad de descender a las descripciones de los cuadros surrealistas. En concreto, bajo la influencia de Dalí, pintó su *Bodegón de un zapato viejo* (1937). Es un Dalí mediocre. Lo mismo diríamos de sus *collages* mediocres que no llegan nunca a la gracia sabia, a la sorpresa refinada de Marx Ernst.» Lafuente Ferrari: «Miró o los pintores en libertad». Número de *Papeles de Son Armadans* dedicado a Joan Miró, XXI, Palma de Mallorca.

Es muy difícil explicar en pocas palabras qué fue

el surrealismo. Se han escrito libros y llegará un momento en que se elaborarán tesis universitarias sobre esta escuela. Prueba de que la confusión es considerable. Sobre las cosas que se desconocen siempre es posible escribir mucho. A mí me parece que el surrealismo fue una consecuencia de lecturas mal digeridas de Freud, de referencias de la obra de Marx oídas en el café o en los talleres y de la iconoclastia sentimental de una generación naciente sincronizada con la difusión, en París, de estos autores. Siempre es posible imaginar que un artista lea por incentivo pornográfico algo de Freud. Ya es más difícil que este artista se encare con una obra seria, difícil y pesada, como es *El capital* de Marx. Por lo general, los artistas están dispuestos siempre a todo menos a prestar atención a lo que no sea su interés particular inmediato. Sin embargo, el sentimentalismo siempre es abundante y en general lacrimógeno, porque los artistas jóvenes acostumbran a estar reñidos con sus padres y ello les hace ser —mientras no se establecen— partidarios de la justicia y sensibles a las miserias humanas. Sea como fuere, el surrealismo duró pocos años. Fue una de las burbujas sucesivas que produce la capital de Francia. En cuanto los afiliados a la escuela encontraron clientes ricos (a veces el cliente tiene un nombre aristocrático, hecho que aumenta su importancia) se dispersaron y comenzaron a comer con más lentitud y calma. Miró halló en el marchante de pintura Giraudin de la Licorne a un cliente comprensivo, dentro de la displicencia, claro está. Uno de los primeros clientes de Dalí fue el conde de Noailles.

De todos modos, el surrealismo se hizo un poco más inteligible cuando se iniciaron las disensiones de los afiliados a la escuela —es decir, cuando la secta salió de la cripta—. ¿Qué se ha de pintar? —se preguntaron aquellos afiliados para salir de la confusa esterilidad—. No hubo unanimidad. Hemos de pintar nuestros sueños, los propios y particulares estados sonambúlicos, nuestra vida inconsciente. Las investigaciones del profesor Freud han de tomarse al pie de la letra. Este hombre ha desentrañado lúcidamente el volumen enorme y el mecanismo que en la vida humana tiene el inconsciente, el automatismo y la libidinosidad. (A todo ello han de añadirse los ingredientes comunistas aportados a la secta por Aragon y Breton, que ahora no vienen al caso y que tanto Dalí como Miró consideraron actividades marginales.)

Las ideas ortodoxamente freudianas del surrealismo no creo que fueran para Dalí de una importancia decisiva. Pintar los sueños, ¿en qué debe consistir? —se preguntó—. ¿Cómo se han de pintar los sueños? ¿A la acuarela, al óleo, a la mina de plomo, al fresco? No. Lo que se ha de pintar es la realidad, pero se ha de pintar con otro criterio, eliminando la jerarquía tradicional de los objetos y sustituyéndola por otra jerarquía, más caracterizada. Se han de pintar los objetos, las cosas concretas que por nuestras razones se nos presentan como el alcaloide de la realidad —objetos que por su forma, por su cualidad, por su situación, por su estado, se nos aparezcan impregnados de un sentido, de una emoción, de una fuerza evocadora, de una tendencialidad absorbente, fascinante, inolvidable, sintética, es decir, surrealista— situada por encima de la realidad. Se ha de pintar lo que se ve —decía Dalí por aquel entonces—; pero si esos objetos no se encuentran ante nuestra vista se han de inventar, se han de crear.

Esta discusión duró muchos años. Hoy ha perdido interés. Es muy posible que sea una discusión nacida muerta, iniciada sobre dos puntos muertos, interminables, sin posibilidad de llegar a una eficacia. Esta discusión escindió el surrealismo en dos alas, un ala derecha y un ala izquierda, por decirlo utilizando la terminología tópica que los periodistas aplican a la política. Todo hace sospechar que Salvador Dalí fue uno de los más notorios representantes del ala derecha de esta escisión. Y Miró, a pesar de haber llegado al surrealismo a través de un proceso lento y con las naturales y campesinas precauciones; a pesar de que en el momento de la desbandada fuese uno de los primeros en diluirse para entrar en seguida en el cultivo de una caligrafía infantilista que le dio resultados, fue un representante del ala izquierda surrealista. Joan Miró —ha escrito uno de los pontífices, Breton— es un gran pintor surrealista porque se entregó al automatismo, mejor que ninguno de nosotros. Por otra parte, tenemos la anécdota que contaba Pierre Loeb sobre este artista. Loeb decía:

«—¿Es un caballo, verdad?

»—Sí, sí.

»—¡No! Parece un pájaro...

»—Sí, sí.

»Así responde Miró, siempre cortés, cuando se le pide una explicación».

La posición de Salvador Dalí dentro del surrealismo es cuando menos interesante. Nuestro pintor se manifiesta contra la pintura que no se puede pintar. Existe en su postura una especie de exigencia en jugar limpio. El arte no puede ser una perversión. Las criaturas han de hacer dibujos de criatura. A la edad de treinta años, con una familia formada, pagando contribución, conociendo la complejidad de la vida, habiendo leído —a pesar de todo— algunos libros, viviendo en París, después de haber nacido en Figueres y haber vivido en Barcelona, no se puede adoptar una actitud de hombre asustadizo y bobalicón y hacer dibujos de criatura. La trampa es demasiado estridente. Es exagerada. Es perversa.

Salvador Dalí aporta al surrealismo una inescamoteable presencia realista. Precisamente porque la corriente es contraria, la postura merece la pena. Los sueños, el inconsciente, son inexpresables, incontrolables, meramente personales, no tienen expresión posible. El desnudo de una mujer —dicen— puede expresarse con un signo. ¿Existe, sin embargo, mejor signo que la propia forma concreta? La realidad exterior, los objetos, tienen una presencia inescamoteable. ¿Por qué siniestro onanismo podrían sustituirse? Nuestro espíritu, nuestros estados de ánimo, la situación de cada momento, modificarán las formas, estilizarán, reducirán, hincharán la realidad exterior, pero esta realidad nunca será radicalmente inédita, porque ni siquiera la puerilidad infantil auténtica aporta nada inédito. Las formas nuevas que se han dado en la mecánica, en la construcción, en la física, provienen de estados de cultura y de investigación madurísimos. El surrealismo, entendido y manifestado por Dalí de este modo, aparece como un caractericismo brutal, como una tentativa de acentuar el carácter que nuestro temperamento atribuye a las cosas. Y dado que atribuimos un sentido sensual tan grande a las cosas, esta característica quedará manifestada a la fuerza. Nos encontramos en definitiva ante una manifestación extrema del romanticismo literario y artístico, ante una exaltación del personalismo, ante una falta de pudor indecente, ante el despropósito final de la crisis (más que centenaria) del sentido del ridículo. Todo parecía nuevo, insospechado, nunca visto, y resultó que todo estaba pasado, digerido y estadizo.

En un momento determinado, encontrándose Dalí en Cadaqués, apareció en el hotel de esa población un grupo de literatos y artistas surrealistas franceses. Venían a ver a su entrañable amigo. Casi todos eran personalidades pontificales de la escuela que en aquel momento alcanzaba, por el mero hecho de existir —evidentemente, a base de la publicidad no pagada—, una mayor difusión propagandística. En el grupo se encontraba el gran poeta francés Paul Éluard y una señora llamada Gala, de extracción rusa, su esposa. No sé exactamente qué sucedió. Lo único que puedo decir es que Gala abandonó a su marido y se unió a Dalí. Dalí se enamoró de Gala y Gala de Dalí. En serio. Me refiero a que estos extraños fenómenos no suelen darse —en serio— a menudo. Pero esta vez el hecho se produjo y tuvo una consecuencia considerable que consistió en lo siguiente: el poeta abandonado se dedicó a enchufar a Miró de forma sistemática a diestro y siniestro. Paul Éluard lanzó desde su magnífica posición a Joan Miró en París, y ello lo convirtió en una especie de genio universal indiscutible. Las figuras más grandes del surrealismo se pusieron del lado de Éluard. La muerte de la escuela está estrictamente relacionada con este lío sentimental pueril. Tras los acontecimientos de Cadaqués, ni Éluard ni Dalí ni Miró quisieron volver a oír hablar *—et pour cause!—* del surrealismo. El primero por caridad; el segundo por discreción; el tercero para no perder su enchufe. Y este fue el *requiescat in pace* del surrealismo francés y en definitiva del surrealismo continental.

Las etapas del surrealismo

Agotadas *ab ovo* las posibilidades de vender pinturas en el país, a pesar de las escandalosas conferencias que dio y las extravagancias que perpetró, peleado con la familia —su tío, el doctor Rafael Dalí, se convirtió en uno de sus más encarnizados y fanáticos contraopinantes—, clasificado como un elemento prácticamente antisocial, Salvador Dalí se trasladó a París, donde ejerció, durante muchos años, la profesión de pintor surrealista y de vendedor de sus cuadros.

Esta prolongada estancia en Francia, alternada con esporádicos viajes a Cadaqués, tiene un común denominador —el surrealismo—, pero parece presentar dos etapas: antes de Gala y después de Gala. Según Dalí, el surrealismo pictórico consiste en pintar diferentes objetos característicos, exasperadamente reales, a través de una actividad crítico-paranoica, y por lo tanto se opone a utilizar la pintura para la narración de sueños utilizando el automatismo. El dominio que tiene de su medio de expresión (el dibujo) es lo que precisamente explica su tendencia dentro de esta escuela, y el dominio de su medio de expresión lo lleva a un realismo objetivo frenético, a veces deformado por divertidas agudezas y *boutades*, pero nunca situado fuera de la realidad —ni en los momentos en que el carácter se hace más simbólico—. Quienes no saben dibujar tanto tienden a la narración de sus propios sueños mediante eso tan equívoco y difícil de comprender que es el automatismo.

El punto de partida de Dalí lo llevará fatalmente a lo que él llamará clasicismo o pintura clásica, que en este caso consistirá en establecerse de pintor italiano de la época del barroco. Esta nueva etapa se iniciará cuando haya agotado por completo el surrealismo. La otra ala del surrealismo conducirá fatalmente a la pintura abstracta.

Así pues, lo que Dalí aporta al surrealismo es una obsesión por la forma exasperada, delirante, paranoica. Para él la forma ha sido la pasión de su vida, y es muy posible que la página más importante que ha dejado escrita sea la que se refiere a la pasión que ha llenado toda su vida de artista. En el prólogo de *The Secret Life* pueden leerse, en efecto, estas palabras:

«Hoy sabemos que la forma es un producto de

un proceso inquisitorial de la materia —la reacción específica de la materia cuando se halla sometida a la terrible coacción del espacio que la oprime por todas partes, presionándola y exprimiéndola, produciendo las tumefacciones que estallan de su vida hasta los límites exactos de los contornos rigurosos de su propia originalidad de reacción—. ¡Cuántas veces una materia dotada de un impulso demasiado absoluto es aniquilada! Mientras que otro trozo de materia que solo intenta hacer lo que puede y está mejor adaptada al placer de moldearse contrayéndose a su manera ante el choque tiránico del espacio puede inventar su propia, su original forma de vida.

»¿Existe algo más ligero, más caprichoso y libre, según todas las apariencias, que la arborescente floración de las ágatas? Aun así, las ágatas son el resultado de la feroz opresión de un ambiente coloidal, aprisionadas en la más implacable de las estructuras inquisitoriales y sujetas a todas las torturas de la compresión y la asfixia moral, de manera que sus ramificaciones más delicadas, aladas y ornamentales son —por lo que parece— tan solo rastros de su imposible ansia de huida de su agonía de muerte, los últimos coletazos de un trozo de materia que no quiere ceder hasta llegar a las vegetaciones finales del sueño mineral. De ahí que lo que aparece en el caso del ágata no es una planta transformada en mineral, ni siquiera una planta apresada y devorada por un mineral. Al contrario: el ágata es realmente la aparición espectral de la planta, su alucinación arborescente y mortal: el fin y la forma de la inquisitorial e implacable opresión del reino mineral.

»Lo mismo sucede con la rosa. Cualquier flor vive en una prisión. Desde el punto de vista estético la libertad es falta de forma. En la actualidad sabemos, por descubrimientos recientes en morfología —¡alabado sea Goethe por inventar esta palabra de importancia incalculable y que tanto hubiera gustado a Leonardo!—, que a menudo son precisamente las tendencias heterogéneas y anárquicas las que presentan la máxima complejidad de antagonismos, las que conducen al reino triunfante de las más rigurosas jerarquías de la forma».

En estas palabras se encuentra todo Salvador Dalí —el del presurrealismo, el del surrealismo y el del postsurrealismo, o sea, el de su actual academicismo o clasicismo—. Toda su carrera pictórica está dominada por la obsesión de la forma, y por ello toda su obra tiene una coherencia perfecta, es siempre la misma, porque tiene una única finalidad. La forma es tensión. La libertad es informe. Afirmar que su pintura tiene una única finalidad podrá parecer extraño en un artista que ha inventado (como el Bosco) tantas protuberancias extravagantes y singularísimas. La afirmación no parece tan extraña si se observa el prurito de rigurosidad formal con que están precisamente pintadas estas cosas.

Sin embargo, el largo período del surrealismo parece dividido en dos etapas: antes de Gala y después de Gala. El primer período parece más frenético que el segundo, hecho que se refleja en la vida del artista y en su obra. Al llegar a París ha de hacer como todo el mundo: antes que nada tener un *smoking*, después visitar a Picasso; por último darse a conocer a un número suficiente de personas que le permita entrar de *poulain* con un marchante y tener las necesidades básicas cubiertas. Fueron unos años más bien de escasez, hecho verdaderamente sensible para un hombre como Dalí, hijo de casa buena, bien acostumbrado, sensible al confort y al bienestar. Si por la explicación de la psicología de los primeros decenios de Dalí no puede olvidarse su característica de niño rico y bien alimentado, la observación es ampliable a su vida posterior y a su obra, que es siempre lujosa, confortable y de buena calidad —y a menudo niquelada, pulida y reluciente como la chapa de los coches de gran marca—. A pesar de que los asuntos fueron más bien desmirriados, el pintor encontró una cierta compensación en el torbellino intelectual que halló en los grupos surrealistas de París, en sus inacabables discusiones, a menudo muy llenas de sustancia y pasión, y que contribuyeron, claro está, al enriquecimiento de su personalidad. La obra de esta etapa está saturada de erotismo y libidinosidades, síntomas de una sensualidad insatisfecha (es él mismo quien nos ha hablado de esta insatisfacción) y de una imaginación desbordante, con frecuencia divertidísima y casi siempre dimanando del efecto producido por la lectura de la obra de Sigmund Freud, que es su norte permanente y sistemático y el *fournisseur* inagotable de toda la mitología del surrealismo continental y americano.

La etapa que se inicia con la presencia de la señora Gala parece un poco más tranquila. Las mujeres inducen a dormir, tranquilizan, son positivas y tienden a la seguridad. Y ahora hemos llegado a la cuarta influencia decisiva que la vida proyectó sobre Salvador Dalí. La primera fue —repitámoslo— la del oscuro profesor que le enseñó a dibujar; la segunda, el descubrimiento del paisaje del Ampurdán y del espejismo del acercamiento; la tercera fue la productividad de la obra del profesor Freud; la cuarta fue la señora Gala.

Todo lleva a suponer que esta señora lo ayudó mucho y desde todos los puntos de vista. Aunque el artista no hubiese manifestado su agradecimiento una innumerable cantidad de veces, el hecho sería del todo obvio. Probablemente se trataba de evitar que el pintor perdiese demasiado tiempo; de dar a su estrategia social una eficacia real, separando la paja y el grano; de saber elegir a los amigos, es decir, de practicar una vida social llena de posibilidades; de hacer que el artista volviese a su propio medio, es decir, a un ambiente desbaratado solo en apariencia, pero saturado de todas las virtualidades burguesas básicas. No fue fácil llegar rápidamente a estos resultados. La ruptura con los pontífices del surrealismo creó a Dalí un medio hostil, que aún hoy sigue en pleno funcionamiento, como está en pleno funcionamiento la exaltación de Miró. Hubo que resistir y trabajar. Fue una etapa de progreso social y económico lento, pero continuado. La operación del conde de Noailles dio a Gala-Dalí el primer dinero de una carrera que hasta ahora ha sido un poco precaria. Hecho curioso: en posesión del dinero solo aspiran a tener una casa propia —modesta, claro está, pero propia— en Portlligat. En cuanto pueden huir de París emprenden la marcha. Lo primero para tener una cierta importancia en París es no vivir allí todo el año. ¡Qué disparate! Por otra parte, es evidente que Dalí habría podido escoger para instalarse cualquier lugar de Francia o de donde fuera. Pero hay algo aún más evidente, y es que la instalación solo podía tener lugar en Cadaqués y de Cadaqués a Portlligat. Y este es el origen de la formación de la casa del pintor, casa que ha tenido mucha importancia en su vida y en su obra —entre otras razones, porque en esta casa ha realizado la obra que para Dalí cuenta más, es decir la que ha pintado desde el fin de la Segunda Guerra Mundial hasta los momentos actuales.

En esta segunda etapa Dalí entró en la vida de sociedad. Para un hombre de tanta superficie, interesado antes que nada en triunfar en la vida, a quien el silencio entristece y amarga, la vida de sociedad ha de ser la clave de su vida y de su arte. No la vida de sociedad cuantitativa y tumultuosa como la de un político, sino la reducida a un círculo limitado, pero, claro está, de amplia dimensión propagandística y económicamente eficaz. Este hecho creó una encarnación nueva de la figura daliniana en el sentido que dio origen al producto final de una evolución, al punto más alto de un proceso humano. Dalí se convirtió en una curiosa mezcla de localismo exacerbado, frenético, y de dandismo cosmopolita, libérrimo, ilimitado. Es muy posible que a través de esta dosificación haya realizado el ideal de los ampurdaneses ilustrados, formado de miopía y de presbicia, de proximidades y lejanías, de la obsesión por la cosa micrográfica y por el espacio dilatado. Para quienes, como yo mismo, forman parte de las clases ilustradas del Ampurdán —y no me estoy refiriendo ahora a la ilustración literal— el tipo de hombre superior parece consistir en un localista abierto al cosmopolitismo y en un cosmopolita centrado en un lugar absolutamente limitado y dominable, rico en detalles hasta la exasperación, con un paladar, un olfato, un oído y un espíritu palpitantes, atentos a los más ligeros, embriagadores matices del dialecto, la cocina local, el chismorreo y los olores del aire. Dalí se acerca mucho a este tipo, muy explícito en alguno de nuestros grandes personajes, frenéticamente localistas y muy cosmopolitas. El Ampurdán, que tiene una meteorología tan inhóspita —tiene un clima literalmente gótico—, invita a emigrar, pero al mismo tiempo es una zona tan bonita que invita a volver. El Ampurdán impone su presencia más inescamoteable precisamente en este movimiento de ir y venir, emigrar y volver. Dicen que es una zona de gente franca, natural, abierta, de una amabilidad un tanto abrupta y primaria, que baila la sardana. Ya, ya, las psicologías recreativas son admirables pero inservibles. Aspiran a decir demasiado. Yo solo me permitiría formular que el Ampurdán ha dado alguna vez el localista cosmopolita. Lo que nos cuesta comprender es la patria y sobre todo esa cosa pesada que es el Estado. Cuando llegamos a Madrid, creemos encontrarnos en otro planeta. Barcelona nos gusta más, pero los elementos provincianos de esta ciudad —elementos provincianos que tan a menudo se encuentran en las clases más elevadas— nos molestan más que los del pueblo de nuestra residencia habitual. En la obra de Salvador Dalí, ampurdanés de espíritu enfermizo, febril, anormal (el notario siempre me decía: «Salvador es un anormal»), hay una obsesión permanente por lo concreto, por lo profundo, por las formas más tenebrosas del *patois* local y al mismo tiempo una inmensa ansia de espacio físico e intelectual.

Esta segunda etapa de surrealismo duró hasta la declaración de la Segunda Guerra Mundial. Dalí se encontraba en Arcachon cuando los ejércitos alemanes invadieron Francia. Hubo que tomar una determinación —quiero decir irse—. Como tanta y tanta gente, decidió ir a América. Lo hizo vía Madrid-Lisboa, más muerto que vivo y en medio de enormes dificultades. Pero al final llegó con la gran masa del éxodo europeo. Como es naturalísimo, se aprovechó de la excelente acogida dada por Estados Unidos a los fugitivos del nacionalsocialismo militar alemán. Dalí no fue —como a veces se ha dicho— a Estados Unidos como un emigrante. Fue con una plena personalidad reconocida y en realidad como beligerante. La casa de Portlligat, creada con tantas ilusiones, no pudo ser habitada por sus propietarios durante mucho tiempo. Hasta que regresaron.

La etapa norteamericana

Es muy posible que uno de los proyectos que Dalí nunca tuvo fuera el de irse a América y pasar allí una larga temporada. Se vio obligado a ello por la inmensa catástrofe de la Segunda Guerra Mundial. Pero, a decir verdad, aquella impensada, insospechada determinación le fue muy favorable. Tal vez fue la solución de su vida, y no me refiero a la de su vida habitual, sino a la de su actividad artística.

En Estados Unidos vivió una temporada muy larga —seis o siete años—. Es una etapa muy desconocida de la vida del pintor —quizá la menos explicada—. Tuvo que sentir añoranza, es evidente. Trabajó muchísimo. Tengo la impresión de que supo ganarse la vida —y ello le evitó el suburbio, la bohemia y la mala alimentación, cosas que Dalí detesta como los gatos el agua—. Debió de encontrarse con una gran cantidad de exiliados franceses y en general europeos de la más alta categoría social, aparte, evidentemente, de los americanos que vivían en Europa y que tuvieron que repatriarse. Quiero decir que allí encontró a muchos amigos, hecho siempre importante.

Estoy seguro de que la estancia de Dalí en Estados Unidos no solo le fue útil, sino también agradable. Nunca hemos hablado de esta etapa de su vida. Pero tampoco le he oído nunca formular la más leve crítica contra Estados Unidos. Sospecho que Dalí —en términos generales— es un admirador de América del Norte. Estoy seguro de que tiene la firme convicción de que Estados Unidos siempre tiene razón. Es lo menos que un extranjero pueda decir del país que lo ha recibido con simpatía. Es la corrección elemental. La gente tiene tendencia a creer que este artista vive entre despropósitos, excentricidades y extravagancias. No. Es exactamente todo lo contrario. Es un hombre perfectamente administrado, deliberado y controlado. A veces demasiado. Si alguna vez ha perdido los estribos ha sido en su propio país y debido al hecho de que el contacto telúrico con la tierra le hace ser un alocado. La gente no ha visto aún que su célebre bigote es un elemento de acentuación de la presencia —Dalí querría vivir en un mundo donde todo fuese característico y tuviera personalidad, amenizado, divertido, inolvidable, porque su individualismo es de unas proporciones prácticamente indescriptibles—, que su célebre bigote es un objeto que se cuelga y descuelga a voluntad. Dalí querría amenizar el mundo, romper la costra de mediocridad, lo gris que le rodea, convertir a la gente en seres irreductibles, insolubles, no intercambiables.

Fue durante esta etapa americana cuando se consideró obligado a buscar para su pintura un camino más equilibrado y moderado —utilizo estas palabras porque no encuentro otras—, sin que ello quiera decir que eliminara, en trabajos menos importantes, los trucos más frenéticos del surrealismo. El espectáculo de la guerra en Europa, la miseria de la inmediata posguerra, debieron hacerle temblar. Por otra parte, los años, que no perdonan a nadie, iban pasando, y el tiempo siempre lleva el consejo inevitable. En *The Secret Life* hay un juicio muy curioso sobre la transformación que tratamos de insinuar:

«En esa época —escribe— de catástrofes mecánicas y vulgares y de miseria terrible, es criminal aplicarse a destruir más. Las fuerzas desencadenadas ya han destruido demasiado».

Creo que si Dalí hubiese vivido en una época normal y mansa habría sido un destructor implacable por inquietud romántica, por individualismo fundamental y por fanatismo paranoico. Sin embargo, se encontró en plena tormenta, y retrocedió asustado. Esa frase tal vez cierra la órbita temperamental de su existencia. Digo tal vez porque es verosímil pensarlo. Ahora bien, tratándose de ególatras de tal magnitud —el niño rico y bien alimentado que, según él mismo explica *(The Secret Life)*, se mea en la cama, por el simple gusto de hacerlo, hasta los ocho años— nunca se sabe...

En esta época de América publicó el libro al que nos hemos referido algunas veces. Escrito por el artista en un borrador monstruoso franco-catalano-castellano, con sus enormes, sabrosísimas faltas de ortografía, traducido al inglés por Haakon M. Chevalier y editado en Nueva York por Burton C. Hoffmann de Deal Press, *The Secret Life* forma un volumen de más de 400 páginas con innumerables ilustraciones de todo tipo relacionadas con el texto. Existe una traducción castellana —de C. A. Jordana— editada por Poseidón en Buenos Aires. Este libro, que leí en Cadaqués hace muchos años, dejado por la familia del artista (apareció el año 1942 en Nueva York y al año siguiente en Buenos Aires), es un magma palpitante de vida, un documento absolutamente daliniano por su mezcla de perversidad y de puerilidad, de arrebato y de precaucionismo infalible. Pero no es esto lo que quiero resaltar ahora. Lo que me interesa es ver la conexión que el libro tiene con lo que hasta ahora he escrito sobre Dalí.

A mí me parece que el documento es, dentro de lo que puede ser una obra humana elaborada por un hombre formado, una confesión sincera. Propagandista y ególatra, pero tan sincera como pueda serlo una confesión de esta clase. Me refiero al tono general del libro. Que el lector me conceda la gracia de creer que yo no conozco la vida íntima y secreta de nadie, y menos la de Salvador Dalí. Las vidas secretas o medio secretas de los otros son indiscernibles, como debe serlo la nuestra para los demás. Sin embargo, hay en el libro un tono, una libertad mental tan extraordinaria, un arrebato tan manifiesto, mezclado con un precaucionismo y una cautela tan visibles, que cuando se conoce un poco a los ampurdaneses —y yo formo parte de esa tribu—, irremisiblemente uno siente encontrarse ante una raíz del país, ante una manera de ser ancestral, ante una realidad auténtica. Con todo ello quiero decir que *The Secret Life* es un libro que solo puede haberlo escrito un catalán dotado de los defectos y virtudes típicas del ampurdanés. No habría podido escribirlo ni un francés (por exceso del sentido del ridículo), ni un anglosajón puritano o volcado al paganismo (por timidez), ni un alemán, ni un ruso, ni un italiano (por delicada prudencia), ni un mahometano, ni un hindú, ni un chino, ni un castellano, ni un barcelonés y en el actual estado de las cosas ni un rosellonés. Es un libro que solo puede haberlo escrito un ampurdanés desvergonzado y tímido, cosmopolita y localista, orgulloso y deprimido. Pero esta afirmación, puramente intuitiva, es inexpresable e inexplicable, y solo la comprenderán

—cuando lean el libro— los ampurdaneses o aquellas personas que por su capacidad de observación nos conocen como si nos hubiesen dado la vida. Para llegar a constatar lo que digo, el hecho tal vez se encuentra en la dosificación de dandismo cosmopolita y de micrografismo localista, dialectal, limitadísimo, que caracteriza a Salvador Dalí. Esta dosificación forma una curiosa figura desde todos los puntos de vista: mental, sentimental y artístico —esa mezcla de locura y racionalismo, de primitivismo y de refinamiento, de audacia y de cautela.

La permanencia de Dalí en Estados Unidos le permitió llegar a una situación de plena independencia, hecho importantísimo para este artista. A través de su vida de sociedad —las relaciones sociales— llegó a ganar algún dinerillo. Es una situación a la que aspiran todos los artistas que pretenden alcanzar un honorable estatus. En el caso de Dalí, esta pretensión era absolutamente perentoria, dada su fabulosa capacidad de trabajo, la obsesión del oficio, su fanatismo pictórico. Nunca he conocido a un artista a quien le guste —como a Dalí— su oficio. Es algo obsesionante, frenético, incansable, inagotable. La curiosidad que tiene por lo que hace es literalmente extrañísima —en este país, donde las personas más apasionadas tienen lapsus de indiferencia fatídica—. Dalí no descansa nunca, tiene por la pintura una total locura. No trato ahora de fijar si el resultado corresponde a la pasión —cosa que, por otra parte, me resultaría dificilísima—. Lo que proclamo es la existencia de una pasión solo comparable con la de los grandes artistas. Nunca se ha hecho nada con la tibieza de la indiferencia. Todo obedece —lo que existe— a una temperatura elevadísima.

Sea como fuere, pero como consecuencia de su larga estancia en América, el caso es que Salvador Dalí pudo regresar a su tierra —a Cadaqués, a Portlligat—, que es el mayor ideal de su vida. Finalmente acabó por tener una casa propia ante el paisaje que había descubierto tantos años atrás. Se equivocaría quien creyera que, a pesar de sus tránsitos por el Atlántico, de su incesante ir y venir, Dalí es un artista errabundo, melancólico y espiritualmente miserable. No. Dalí es inseparable de una geología, de una botánica y de una zoología —de nuestra zoología, del cielo de nuestra tierra—. Ya no es el momento, ahora, de subrayar de nuevo su localismo insobornable —que según va equilibrándose parece aumentar su cosmopolitismo—. Ya hemos hablado suficientemente de ello, y esta es la misteriosa clave de su vida.

La situación a la que ha llegado le ha permitido por lo menos establecerse de una manera que probablemente corresponde a sus ilusiones más íntimas —y que pocos artistas de la época han podido resolver con una eficacia comparable—. No deja de ser curioso que este hombre tan aparentemente desajustado, extravagante, atrabiliario, haga exactamente la carrera de su vida física. El verdor de su adolescencia tuvo unas características inconfundibles. Su juventud presentó otras características. Ahora que se encuentra en una madurez incipiente parece tener una especie de ansia de recuperación del tiempo pasado —quizá ganado o tal vez perdido—. A sus cincuenta y cuatro años, Dalí parece haber llegado a medios de expresión absolutamente —por lo menos para él— satisfactorios y a un cierto equilibrio físico y anímico.

La vida que hoy lleva le permite pasar medio año en Portlligat, trabajar encarnizadamente sobre un solo lienzo —perfectamente pensado y deliberado— y desplazarse el resto del año al medio más saturado de riqueza que existe en el mundo de nuestros días. Es un sistema muy satisfactorio que muchos artistas antiguos utilizaron.

Como no podía ser de otra manera, su medio de expresión ha acabado por dominarlo y se ha convertido en su propio espíritu. Dalí es un formidable dibujante llamado Dalí. Y como gran dibujante tenía que acabar estableciéndose artista de la Italia de las innumerables Vidas y renovando la vida de las formas —quiero decir estableciéndose en el barroco de la explosiva dialéctica jesuítica— centrada como marco físico en la geología del Cap de Creus. En el transcurso de esta aventura —que tal vez tenga algún aspecto inconsciente que no le priva de su caractericismo— ha hecho algunas pinturas que han tenido una repercusión amplísima.

El apellido Dalí

La rareza de este apellido en toda el área de la lengua, concretamente en el Ampurdán, me llevó a imaginar, por espíritu de fantasía, que tal vez provenía de un oficial irlandés, O'Daly, que vino aquí en la época de la Peninsular War, es decir, en la guerra contra la invasión napoleónica. Aficionado a la lectura de viejos papeles relacionados con la comarca, me he encontrado algunas veces con la figura del coronel Peter O'Daly, que era gobernador de la plaza de Roses cuando fue expugnada por el general Gouvion de Saint-Cyr. El coronel O'Daly fue después gobernador de las islas Medes —las islas Medes, que tanta gente ha poseído, fueron también inglesas— en el momento de aquella guerra en que los franceses poseían el litoral y los ingleses tenían el dominio del mar. El coronel fue el brazo derecho de lord Cochrane, que se formó al lado de Nelson en Abukir y Trafalgar. Lord Cochrane, desafortunado en las cabezas de puente que proyectó sobre la zona —expugnó Sa Tuna y se apoderó de Begur, que tuvo que abandonar—, se mantuvo en las Medes a través del coronel. Y yo me decía: aquel coronel irlandés, ¿no se quedó en esta tierra y echó raíces, como hicieron tantos oficiales de la guerra peninsular?

Pero el hecho no tiene fundamento. Pere Dalí Ragué se estableció como herrero en Cadaqués, viniendo de Llers, en los primeros años del siglo pasado. Su hijo, Salvador Dalí Cruanyes, nació en Cadaqués el 19 de enero de 1829; su nieto, Galo Dalí Viñas, el 2 de julio de 1849, y su biznieto, Salvador Dalí Cusí, padre del artista, el 3 de noviembre de 1872. Esto es lo que nos cuentan los libros de la parroquia de la villa. La ascendencia de la familia es estrictamente ampurdanesa.

En una nota de su libro, Dalí afirma haber establecido su genealogía, de raíces árabes, hasta la época de Cervantes. Agárrate, que vienen curvas... Esta afirmación está bien para impresionar a americanos.

Para nosotros es suficiente saber que la familia viene de Llers, que se estableció en Cadaqués y que el artista nació en Figueres.

En el diccionario de Moll se recoge la versión del filólogo Förstemann, según el cual el apellido Dalí proviene del nombre propio germánico Adalin. De todos modos, los Dalí no tienen nada de germánico. El notario tenía más bien un aspecto —y una calva— faraónico y agitanado. El hijo, de una gitanería más nerviosa, con un color de padecer del estómago, no hubiese hecho un mal papel, años atrás, en cualquier feria de ganado de nuestra tierra. Ahora que lleva guantes, sombrero y bastón —a pesar del bigote—, se ha aburguesado ligeramente.

1958

Índice

AUSTRAL

www.australeditorial.com

www.planetadelibros.com

Impreso en CPI (Barcelona)
c/ Torrebovera, s/n (esquina c/ Sevilla), nave 1
08740 Sant Andreu de la Barca